# Kraft zum Atmen

*Gedanken, Texte und Bilder
Mukoviszidose betroffener Kinder,
Jugendlicher und Erwachsener*

*herausgegeben von
Christiane Herzog*

*in Zusammenarbeit mit
Andreas Kersting-Wilmsmeyer,
Regina Meyer-Pachur,
Maria und Lorenz Petersen,
Anna Arizzi Rusche
Doris Staab und
Ulrich Wahn*

**LIT**

Redaktion: Regina Meyer-Pachur

Dieses Buch wäre ohne eine
vielfältige Unterstützung
nicht zustande gekommen.
Dafür danken Autoren,
Herausgeber und Verlag.

Titelbild: Jacqueline Vennedey

**Die Deutsche Bibliothek – CIP-Einheitsaufnahme**

**Kraft zum Atmen :**

Gedanken, Texte und Bilder Mukoviszidose betroffener
Kinder, Jugendlicher und Erwachsener / Christiane Herzog (Hrsg.)
in Verbindung mit
Andreas Kersting-Wilmsmeyer, Regina Meyer-Pachur, Maria und Lorenz Petersen,
Doris Staab, Anna Arizzi Rusche und Ulrich Wahn, 1995
2. Auflage – Münster : LIT, 1997
ISBN 3-8258-2243-5

NE: GT

© LIT VERLAG

Dieckstr. 73   48145 Münster   Tel. 0251–23 50 91   Fax 0251–23 19 72

## Liebe Leserinnen und Leser!

Auf der Frankfurter Buchmesse 1995 haben wir das Buch „Kraft zum Atmen" präsentiert. Unser Ziel war es, mit diesem Band das Thema Mukoviszidose einmal auf literarisch-künstlerische Weise einer breiteren Öffentlichkeit nahe zu bringen. Viele – Betroffene und Nichtbetroffene – haben mich seither auf das Buch mit Texten und Bildern junger Mukoviszidose-Patienten angesprochen und die Reaktionen waren durchweg positiv.

Ich freue mich sehr, daß Tupperware Deutschland mit der vorliegenden Sonderauflage das Buch nun auch in der großen „Tupper-Familie" bekannt machen möchte. Tupperware mit seinen über 65.000 Beraterinnen in ganz Deutschland wird in diesem Jahr nicht nur auf das Thema Mukoviszidose aufmerksam machen, sondern auch die Arbeit der Christiane Herzog Stiftung an den Mukoviszidose-Therapiezentren – speziell in München – mit einer großzügigen Spende unterstützen.

Dafür danke ich allen, die sich an dieser Aktion beteiligen. Das vorliegende Buch, das Sie mit den Sorgen und Nöten, aber auch mit den Hoffnungen und Freuden „meiner" Schützlinge vertraut machen möchte, wird Ihnen zeigen, wie sehr diese jungen Menschen auf unser Verständnis und unsere Solidariät angewiesen sind.

Herzlichst

*Christiane Herzog*

# Give a child a chance

Unter diesem Motto engagiert sich Tupperware seit einigen Jahren für gesundheitlich und sozial benachteiligte Kinder.

So wie jene Kinder, denen ein ungerechtes Schicksal ihr Elternhaus nahm, und für die Tupperware Deutschland den Bau eines eigenen Hauses im SOS-Kinderdorf in Brandenburg ermöglichte. Und ähnlich auch jenen Kindern, die an Krebs erkrankt sind, und für die Tupperware mit einem ganz maßgeblichen Beitrag zur Deutschen KinderKrebshilfe den dringend erforderlichen Um- und Ausbau der Rehabilitationsklinik Katharinenhöhe im Schwarzwald gesichert hat.

Das Leid dieser Welt, von dem Kinder immer wieder betroffen sind, will aber kein Ende nehmen. So wollen wir in diesem Jahr den aufopferungsvollen und selbstlosen Einsatz der Christiane Herzog Stiftung für mukoviszidosekranke Kinder und Jugendliche, die nur eine geringe Lebenserwartung haben, besonders fördern und unterstützen.

Konkret werden wir zum Ausbau und zur Ausstattung des in München geplanten größten deutschen Mukoviszidose-Therapiezentrums einen wesentlichen Beitrag leisten.

Mit unserer Hilfe wollen wir alle, die rund 65.000 Beraterinnen und Gruppenberaterinnen, die Bezirkshändler und der Stab von Tupperware vergleichsweise kleine Opfer bringen, um dennoch Großes zu bewirken. Unser ganzes Streben ist es, den von dieser Krankheit schwer betroffenen Kindern modernste Therapien zu ermöglichen und ihnen die nach dem augenblicklichen Forschungsstand besten Behandlungsmethoden und damit die größtmögliche Chance der Besserung, wenn nicht gar Heilung, zu bieten.

Unsere ganze Hoffnung, unser inniger Wunsch ist es, diesen Kindern ihr Leben mit dieser Krankheit etwas zu erleichtern, ihre Behandlungsmöglichkeiten zu verbessern und weiterzukommen auf dem Weg, diese Krankheit letztendlich nicht nur lindern, vielleicht sogar heilen zu können.

*Dr. Hans Robert Adelmann*
*Geschäftsführer Tupperware Deutschland*

## Vorwort

Mit diesem Buch meldet sich eine Patientengruppe zu Wort, die bislang in der Öffentlichkeit wenig Aufmerksamkeit gefunden hat: die Mukoviszidose-Kranken. In Texten und Bildern erzählen mukoviszidosekranke Kinder und Jugendliche von ihren Ängsten und Problemen, aber auch von ihren Träumen und Hoffnungen. So spiegelt das Buch jenen Optimismus wider, den ich bei den Betroffenen immer wieder bewundere. Obwohl sie wissen, daß sie gleichsam ein Leben im Zeitrafferstil führen, sind Muko-Betroffene fröhliche Menschen, die trotz ihrer grausamen Krankheit so normal wie möglich leben möchten. „Bis auf meine Mukoviszidose bin ich eigentlich kerngesund", sagte mir einmal eine 19jährige Patientin – ein halbes Jahr vor ihrem Tod.

„Kraft zum Atmen" – der Titel dieses Buches bringt das Ziel, aber auch den täglichen Kampf der Mukoviszidose-Patienten gegen ihre Krankheit auf den Punkt. Jeden Tag kämpft ein Muko-Patient mit unglaublicher Disziplin und einem immensen Therapieaufwand buchstäblich um die Luft zum Leben. Stundenlange Krankengymnastik und Sport gehören ebenso zum Therapiealltag wie die regelmäßige Einnahme von Medikamenten, das Inhalieren und eine möglichst hochkalorische Ernährung. Dazu kommen immer wieder lange Krankenhausaufenthalte zur Antibiotikatherapie und Rehabilitationsmaßnahmen entweder in Kurkliniken wie der „Satteldüne" auf Amrum oder im Rahmen einer „Klimatherapiekur" in südlichen Regionen.

Mukoviszidose ist immer noch unheilbar. Dank intensiver Forschung und verbesserter Therapie ist es jedoch gelungen, die Lebenserwartung von Mukoviszidose-Patienten deutlich zu erhöhen: Wurden vor zehn Jahren nur etwa 15 Prozent der Betroffenen über 18 Jahre alt, so sind es heute schon mehr als ein Drittel. Dies ist Anlaß zur Freude – auch wenn das Erwachsenwerden der Betroffenen ganz neue Probleme aufwirft – angefangen von der medizinischen Betreuung über die Problematik der Lungentransplantation bis zu ganz privaten Fragen der Partnersuche und Familiengründung. Auch dazu finden sich in diesem Buch Gedanken und Überlegungen.

Bis es gelingt, die Mukoviszidose ursächlich zu therapieren, ist es unser Ziel, den Betroffenen und ihren Familien das Leben mit ihrer Krankheit soweit als möglich zu erleichtern. Dazu gilt es, Forschung und Therapie finanziell zu fördern, was wiederum voraussetzt, daß wir die Öffentlichkeit über die Problematik der Mukoviszidose informieren. Denn nur wer über die Krankheit Bescheid weiß, wird auch zur Hilfe bereit sein.

„Mit Taten helfen" lautet das Motto der Christiane Herzog Stiftung für Mukoviszidose-Kranke. Unterstützen auch Sie unsere Arbeit mit dem Kauf dieses Buches! Der Verkaufserlös fließt zur einen Hälfte in Projekte meiner Stiftung in Deutschland. Die andere Hälfte geht an die Olga-Havel-Stiftung, die sich in der Tschechischen Republik um behinderte und chronisch kranke Kinder kümmert. Die Olga-Havel-Stiftung wird sich nun auch besonders der tschechischen Mukoviszidose-Kinder annehmen, und wir wollen sie dabei unterstützen. So ist das Buch „Kraft zum Atmen" auch ein Beitrag zur grenzüberschreitenden Hilfe für die Muko-Kinder!

*Christiane Herzog*

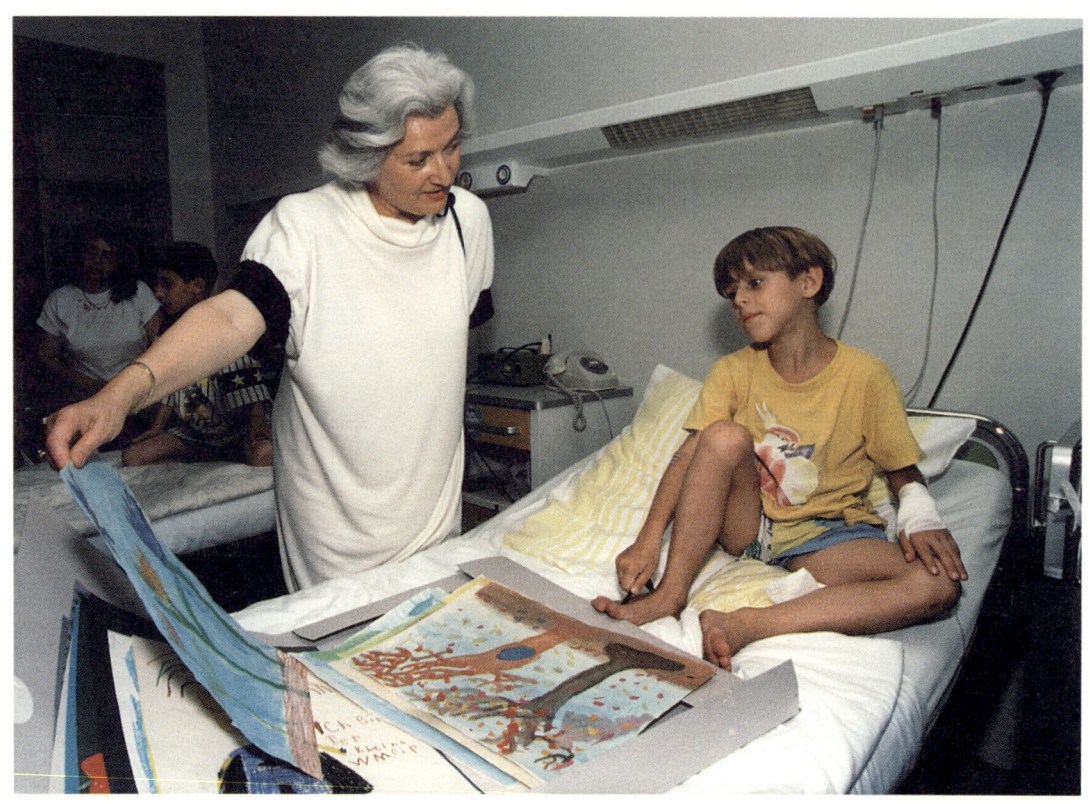

## „*Mit Taten helfen*" – *die* Christiane Herzog Stiftung für Mukoviszidose-Kranke

*Mukoviszidose – hinter diesem scheinbar unaussprechlichen Namen verbirgt sich eine tragische Krankheit, der bislang in der Öffentlichkeit nur wenig Aufmerksamkeit geschenkt wurde. Dabei handelt es sich bei der Mukoviszidose um die häufigste erbliche Stoffwechselerkrankung in unseren Breiten.*

*Um die Öffentlichkeit auf die Problematik der Krankheit aufmerksam zu machen, gründete Frau Christiane Herzog am 17. Juli 1986 in Stuttgart den gemeinnützigen Förderverein Mukoviszidose-Hilfe e. V., den sie im Frühjahr 1997 in die Christiane Herzog Stiftung für Mukoviszidose-Kranke umwandelte.*

*Neben der Information der Öffentlichkeit ist es das Anliegen der Christiane Herzog Stiftung, die therapeutische Versorgung der Betroffenen zu verbessern, ihre psychologische und soziale Betreuung zu gewährleisten sowie Fördermittel für die Mukoviszidose-Forschung bereitzustellen. Aus diesem Grund arbeitet die Christiane Herzog Stiftung auch seit einiger Zeit mit der Deutschen Lungenstiftung zusammen.*

*Neben der Unterstützung für Projekte wie beispielsweise der Etablierung von* mobilen Krankengymnastikdiensten, der Durchführung sogenannter „Klimathera-piekuren" oder der Verbesserung der personellen und technischen Ausstattung der Mukoviszidose-Ambulanzen hilft der Förderverein auch im Einzelfall. Für Muko-Betroffene in sozialer Notlage steht ein Hilfsfonds zur Verfügung.

„Mit Taten helfen" lautet das Motto der Mukoviszidose-Hilfe. Liegt der Schwer-punkt der Vereinsaktivitäten eindeutig in Deutschland, so erreichen Frau Herzog nun auch zunehmend Hilferufe von Muko-Betroffenen aus dem Ausland. Gerade in Osteuropa steckt die Mukoviszidose-Versorgung noch in den Anfängen und die Patienten sind deshalb auf unsere Hilfe angewiesen.

Die große Hoffnung aller, die mit dem Thema Mukoviszidose befaßt sind, ist es, daß diese Krankheit eines Tages die erste sein wird, die durch genetische Therapie ursächlich behandelt werden kann. Bis dahin aber gilt es, den Betroffenen und ihren Familien das Leben mit der Mukoviszidose soweit als möglich zu erleichtern. Dafür braucht die Mukoviszidose-Hilfe jede Unterstützung!


## Sie brauchen Euch

Die Olga Havel Stiftung veranstaltet Wohltätigkeitsaktionen, deren Erträge für humanitäre Zwecke verwendet werden. Sie fördert Projekte im Sozial-, Gesundheits- und Ausbildungsbereich.

Die Olga Havel Stiftung arrangiert Erholungsaufenthalte für chronisch kranke Kinder aus gefährdeten Gebieten, unterstützt Vorbeugungs- und Gesundheitspro-gramme.

Sie organisiert Studienaufenthalte und Fortbildungsprogramme für Ärzte.

Vor allem unterstützt die Olga Havel Stiftung Projekte, die behinderten Menschen eine Ausbildung, eine selbständige Beschäftigung und einen eigenen Lebensunter-halt ermöglichen.

*Fee Comesaña* †

IN
MEINE
LUNGE

Warum

SCHLEIM  PSEUDOMONAS
SCHLEIMLÖSER

Warum?

Wir haben uns gesucht und gefunden.
Was hat uns verbunden?
Wir sind hier 6 Wochen auf Amrum.
Und fragen uns täglich, warum?

Wir inhalieren und atmen um die
Wette,
nach dem Essen schlucken wir noch 'ne
Tablette.
Und fragen uns täglich, warum?

Laufen, Sport und Schwimmen fällt
uns schwer.
Treppen steigen geht auch nicht mehr.
Und auch deshalb fragen wir uns
täglich, warum?

Auch wir lachen, tanzen und albern
gerne rum,
dann müssen wir husten und spucken.
Und fragen uns immer wieder warum.

Aber wir beide sind gerne hier
und haben nur eine Gier,
wir lechzen nach einem langen Leben,
wer kann es uns geben?

Trotz allem hat unser Leben immer
einen Sinn,
z.B. weil wir besonders gute Freunde
sind,
auch wenn wir uns immer wieder
fragen, warum?

Katharina
Mrosek
12 J.

Kirstin
Capelle
12 J.

Amrum '95

## Irgendwie eine Gabe

*Ich bin gefragt worden, ob ich nicht Lust hätte, etwas für ein Buch über Mukoviszidose-Kranke zu schreiben. Aber sicher. Ich will es versuchen. Allerdings möchte ich nicht Wünsche oder Träume von mir berichten, sondern etwas über meine Gedanken, und wie ich mit meinem Schicksal fertig werde. Also, erst einmal etwas über mich selbst. Ich bin 16 Jahre alt und gehe noch zur Schule. Ich habe im Gegensatz zu anderen Kranken eigentlich noch ein sehr normales Leben. Mein Krankheitsbild spezialisiert sich nämlich mehr auf die Leber als auf die Lunge. Und meine Leberzirrhose ist noch nicht sehr weit fortgeschritten. Für meine Lunge jogge ich jeden zweiten Tag ca. 5 km. Inhalieren muß ich seit neuestem auch. 2 x am Tag. Aber was soll's? Es geht mir gut. Ich mache mit meinen Freunden alles, was ich möchte, und sie wissen auch über alles Bescheid. Eigentlich wissen so ziemlich alle in meinem Umfeld über meine Erkrankung Bescheid und das (glaube ich) ist sehr positiv für alle. Richtig verstehen tun es allerdings die wenigsten. Kein Wunder. Wann bin ich schon mal richtig krank? Natürlich habe ich schon IV-Therapie gemacht (auch zu Hause, wo mich alle besucht haben) aber das gerät schnell in Vergessenheit, wenn es mir wieder besser geht. Aber meine beste Freundin weiß über wirklich alles Bescheid. Sie versteht es auch. Und natürlich kennt sie auch meine Schwächen, die andere selten zu sehen bekommen. Meine Probleme liegen nicht bei Gedanken an frühes Sterben (wo ich mir doch geschworen habe, als älteste Mukokranke ins Guinnessbuch der Rekorde zu kommen) sondern in den alltäglichen Dingen. (Das stimmt nicht 100%- ig... ). Ich konnte, als ich 15 war, nie in eine Disco. Ich sehe zu jung aus. Ich gehe für 13 durch, aber nie für 15 oder 16 Jahre. Alle meine Freunde kommen ohne Mühe in die Disco und sogar Schüler aus Klassen unter mir. Ein wirklich blödes Gefühl... Und natürlich zieht dieses junge Aussehen auch andere Sachen mit sich. Jungen, die ich interessant finde und die mich nicht kennen, beachten mich natürlich kaum. Kein Wunder bei einer angeblichen 13-jährigen. Und dann die (wirklich sehr seltenen) Kommentare im Bus. "Hat die aber gelbe Zähne" oder "was hast du denn für Krallen". Alles leicht zu erklären! Die gelben Zähne kommen von den Tabletten und die seltsamen Fingernägel von der Krankheit. Sowas Nebensächliches belastet mich dann doch in gewisser Hinsicht. Allerdings ist das jetzt vorbei. Im Moment stört mich mehr meine langsame (eher fehlende) Entwicklung. Ich bin 16, habe noch nicht meine Regel und natürlich auch keinen Busen. "Hat die es gut" denken jetzt vielleicht viele, aber mich stört es. 16 Jahre alt und immer noch keine richtige Frau. Ich weiß, Lapalien für Schwerkranke. Es liegt eben immer daran, wie gut es einem geht. Vor kurzem habe ich aus der Lunge geblutet. Da dachte ich auch nicht mehr an die fehlende Entwicklung, sondern dachte einfach nur "Scheiße"! Aber wie Sie sehen, ich habe keine großen Probleme, mit allem fertig zu werden. Nur manchmal*

denkt man dann doch: *Warum ich? Für mich gibt es zwei Antworten. Die erste: Jeder erfährt irgendwann einen Schicksalsschlag und ich habe ihn schon erfahren. Die zweite ist schwer zu erklären. Ich denke, man sieht manche Dinge intensiver, wenn man krank ist. Und somit ist es für mich irgendwie eine Gabe. So denke ich darüber und vielleicht stützt mich dieser Gedanke auch nur. Ich könnte noch so viel über meine Gedanken schreiben, aber es ist so schwer, sie immer richtig zu erklären, so daß sie alle richtig verstehen. Also höre ich auf und hoffe, ich habe einiges Interessantes zu Papier gebracht. Falls mein Artikel wirklich gedruckt wird, möchte ich mich besonders lieb bei meinen Eltern und bei meiner Freundin Silke bedanken, die mich immer so gut unterstützen.*
*Mit freundlichen Grüßen*

*Inka Rasch*

*Valerie Volk*

20 Jahre ohne Sorgen,
dachte immer nur an morgen.
Dann war es erst mal aus,
ich kam bei uns ins Krankenhaus.
Mir ging es gar nicht gut,
ich hatte kaum noch Lebensmut.
Doch schon bald wurd' ich gesund,
die ärztliche Aufsicht war der Grund.

Geschickt nach Amrum zur Kur,
stellte ich mich erst mal stur.
Es gefiel mir nicht –
aus meiner Sicht!

Doch dann, nach ein paar Tagen,
konnt' ich es ertragen.
Nur die Drainage,
die brachte mich in Rage.

Ohne zu klagen,
kann ich wohl sagen:
ich werd' sie weitermachen,
all diese Sachen!

Jetzt weiß ich,
es ist das Beste,
bald hab' ich eine reine Weste.
Denn als ich die ander'n sah,
da wurde mir erst richtig klar:
„Es geht Dir gut – hab nur Mut!"

Ich werde sie vermissen,
die mir redeten in mein Gewissen.

12.5.1987
Marko Rauer

## 3. Juli 1983

*Ich hätte nachfragen sollen*
*ich hätte überlegter antworten wollen*
*ich wäre gern mein eigenes wesen*
*in diesem interview gewesen*
*doch wie aus einem fremden mund*
*tat ich überlegen meine Weisheiten kund*
*wer wird hinter meinen worten die schwäche erkennen?*
*werden sie mich richten, einen verräter nennen?*
*warum ist es hinterher immer zu spät?*
*was soll ich machen, wer ist's der mir rät?*

*Susanne Petersen*

Lunge mit                    Pseudomonas

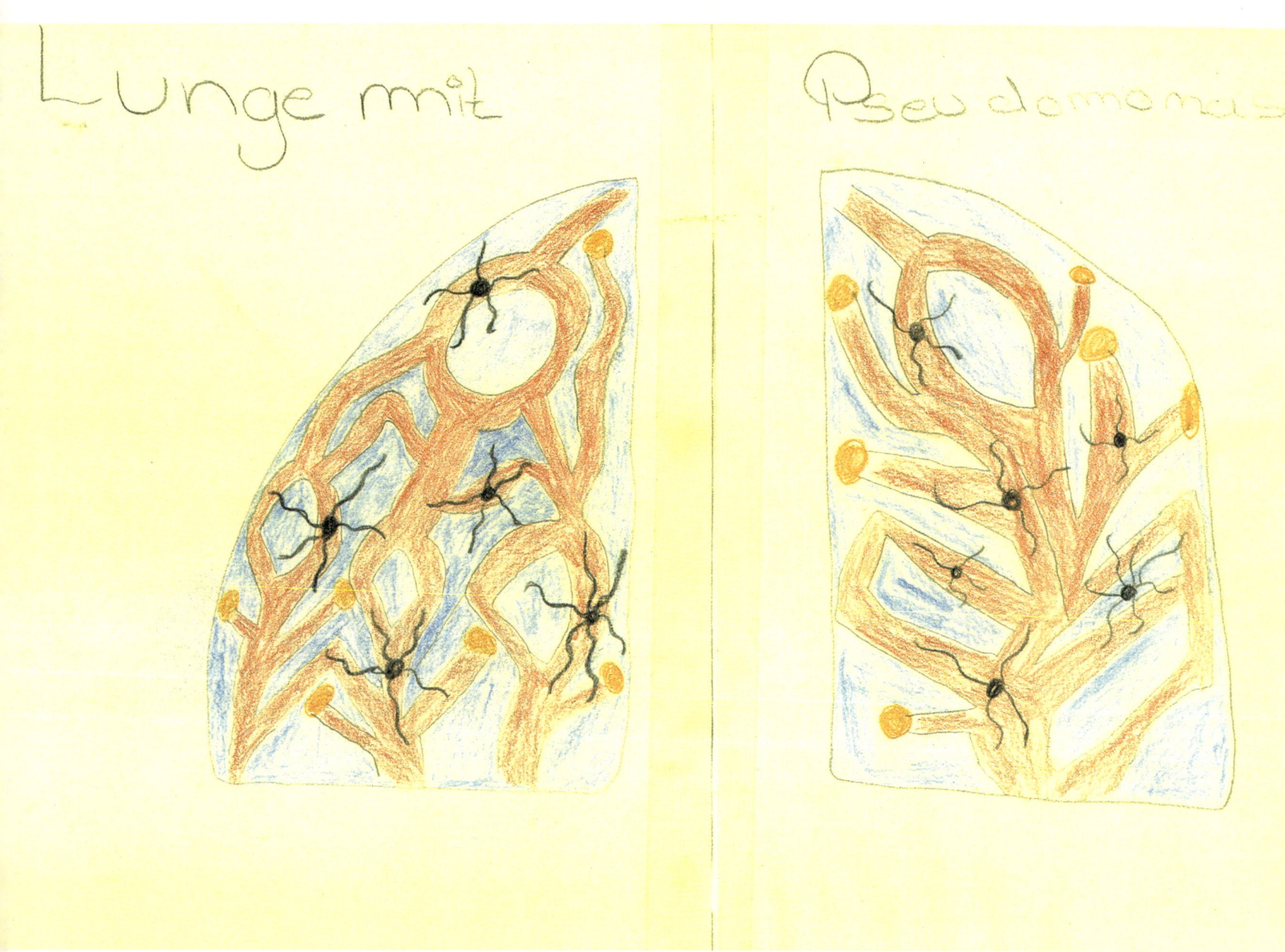

*Jenifer Reibetanz*

Woher kommt Muko eigentlich?
Also ich heiße Dana und bin acht Jarek alt.
Ich krabe eine Schwester, die ist vier Jare alt und
eine Nervensage. Manchmal bin ich böse, daß
ich Muko krabe, weil das eine blöde Krankheit
ist. Immer inhaliren, ins Krankenhaus gehen,
sich waschen (aber das muß jeder) Tabletten
schlucken. Außerdem muß ich im Sommer nach
Amrum fahren. Die Mama wollte schon unser
Haus verkaufen und nach Amrum ziehn, aber
das macht sie jetzt doch nicht. Ich will mal
gerne wissen wo Moko herkommt, genau! Wer das
weiß, soll sich melden. Es gibt da ein Mädchen,
das merkt in der Klas Klasse und
verpetzt mich mit Mukoviszidose. Das
ärgert mich. Hoffentlich bleibt sie sitzen,
dann kommt sie in eine andere Klasse
als ich. Aber ich habe auch eine gute
Freundin, die mir immer hielft. Wer mir was
über Mukrsszidose erzählen kann, soll
mir das doch mal erklären.

*Dana*

Dr. Staab

von Jaqueline

Jaqueline Vennedey

# Mucoviszidose-Kinder

Wir Muco-Kinder treffen uns immer wieder hier im Krankenhaus. Meistens geht es uns sehr schlecht, manchmal aber auch nicht; denn wir mussen alle drei Monate da sein. Dann bekommen wir drei Infusionen am Tag. Dabei werden durch einer Nadel Medikamente gespritzt. Muco-Kinder nehmen nicht viel an Gewicht zu cauch wenn sie viel Essen. Darum erhalten einige eine Magensonde einoperiert, durch die nachts Nahrung einläuft. Wenn sie zu ihren Mahlzeiten nicht ihre Tabletten nehmen leiden sie an Bauchschmerzen und Durchfall. Manchmal bekommen sie keine Luft und Hustenanfälle. Alle inhalieren viermal am Tag Forscher versuchen immer aufs Neue, etwas zu finden, was helfen könnte. Dafür möchten wir Geld sammeln Denn bis jetzt kann man Muco nicht heilen.

Ines Roßbach

von Lisa
Kur 93

## Krieg

*Krieg*
*auf fast der ganzen Erde*
*um Macht*
*um Reichtum*
*und aus so niedrigen Gründen*
*wegen Platzmangel*
*wegen Hunger*
*und aus viel wichtigeren Gründen*
*wehren sich Menschen*
*und dann gibt es Krieg*
*wo Tausende und Abertausende sterben*
*weil sie keine Chance haben*
*die sich in den Krieg stürzen*
*weil sie wissen daß sie keine Chance haben*
*weil sie sich oft nicht mal wehren können*
*weil sie verfolgt werden*
*weil sie vergewaltigt werden*
*weil sie gefoltert werden*
*gezwungen werden das zu tun*
*wozu sie oft gar nicht mehr fähig sind*
*wo ihnen alles genommen wird*
*dort sollen sie hin*
*dort müssen sie hin*
*weil man sie zwingt*
*zwingt mit Maschinengewehren und Pistolen*
*mit Handgranaten und Tränengas*
*mit giftigen Gasen die die Lunge zerreißen*
*und die Haut verbrennen*
*die einen verkrüppeln*
*mit Panzern und Bomben*
*so schüchtert man sie ein*
*so bringt man sie um*
*zu Hunderten zu Tausenden*
*Ist das gerecht?*
*Ist es das wert?*
*Ist es das wirklich wert?*
*So viele Menschen zu vernichten*
*zu quälen*

13

verhungern zu lassen
und ins Elend zu stürzen
wo sie leben ohne Medikamente
ohne Essen
und ohne Fürsorge für irgendetwas
wo sie verkommen
hilflos
einsam
und schwach
Schwach
so schwach wie ein neugeborenes Kind
das sich nicht wehren kann
Und die andern
mit ihren Pistolen
mit ihren Bomben
mit ihren Handgranaten
und sonstigen Waffen
die verprassen ihr Essen
werfen es weg
was oft noch so gut zu gebrauchen
werfen weg ihre Sachen
Ihre Kleidung
Ihr sonstiges Hab und Gut
was noch so gut zu gebrauchen
und kaufen sich Neues
Sie haben ja genug
was die anderen zu wenig
das haben sie im Überfluß
und können sichs leisten
zu prassen
auf deren Kosten
und zu guter Leute Verdruß
Wenn wir nichts dagegen tun
ist es mit dieser Erde
in bestimmt wenigen Jahren
endgültig Schluß

Felix Dengg †

*Es ist uns anvertraut*

# Mukoviszidose

Jens, 29.12.94, 7 Jahre

Es war einmal eine Familie namens A.
Sie hatten ein Kind namens Jens.
Wie es so war. Eines Tages merkte die
Mutter, daß sie ein Kind bekam.
Als das Baby geboren war, hatte
es nach dem Essen immer Bauchweh.
Die Krankenschwestern sagten,
das Kind habe Mukoviszidose.
Als die Mutter das hörte, sagte sie:
Mukoviszidose!!!! Als das Kind
älter war, bekam es ein Inhaliergerät.

# Familienleben mit Mukoviszidose

Die Tränen will ich nicht verschweigen, nicht die notvollen Stunden, in denen uns das Schicksal zu erdrücken schien. Ich will nicht die Sorgen verschweigen, die uns nachts nicht schlafen ließen. Über allem aber will ich an den Reichtum denken, der in der Tiefe verborgen ist, in der Tiefe von Not und Leid.

Sechs Kinder wurden uns geschenkt, zwei ältere Töchter, zwei jüngere Söhne, in der Mitte unsere beiden an Mukoviszidose erkankten Kinder Susanne (1960) und Christoph (1963). Sie standen nicht nur zeitlich in der Mitte, auch das Leben der Familie wurde wesentlich durch sie geprägt. Nicht daß sie eine Vorzugsstellung genossen oder gar verwöhnt wurden. Ihnen wurden ebenso wie ihren Geschwistern Aufgaben abverlangt. Sie mußten mithelfen und wie die anderen gehorchen. Wir versuchten ihnen das Gefühl zu geben, sie seien wie andere Kinder. Und doch erhielten sie, durch ihre Krankheit bedingt, besondere Zuwendung. Damals, am Anfang der sechziger Jahre, gab es ja noch nicht den Sauerstoffgenerator, kannte man noch nicht die Autogene Drainage. Es galt, morgens und abends, in schweren Zeiten auch noch mittags die Kinder abzuklopfen – an jedem Tag. Ob das leicht fiel? O nein, weder uns Eltern noch den Kindern. Manchmal fielen harte Worte, wenn sie sich an der notwendigen Therapie und am Inhalieren vorbeizumogeln versuchten. Welches Kind verläßt schon gerne den Spielplatz, um abgeklopft zu werden! Aber wir wußten, daß davon die Lebenszeit abhing. Darum waren wir unnachsichtig.

Dabei hatten wir es noch gut. Beide Elternteile konnten die Betreuung übernehmen. Die Mutter war ganz für ihre 6 Kinder da; der Vater hatte einen Beruf, in dem er weitgehend seine Arbeitszeit frei einteilen konnte und oft zu Hause erreichbar war. Dennoch, die Hauptlast lag bei der Mutter. Ja, es war eine Last. Sie engte die Freiheit und Freizeit ein. Aber die Krankheit und deren Behandlung gehörten je länger je mehr zum Ablauf des Tages dazu. Manchmal träumten wir, es würde besser werden. Aber dann wurden wir schnell in die Wirklichkeit zurückgeholt. Wenn wir Eltern verhindert waren, übernahmen Nachbarn und mit zunehmendem Alter die Geschwister die Betreuung – ohne Murren. Man hatte seine kranken Geschwister eben gern.

Aber nicht nur Eltern und Geschwister gaben ihre Kraft und Zeit den Kranken. Vielmehr halfen sie uns, neue Maßstäbe für das Leben zu finden. Und als die Geschwister auf ihrem Lebensweg schwierige Phasen durchlebten und die Eltern ratlos davorstanden, da waren es unsere Muko-Kinder, die ihren Geschwistern weiterhalfen.

In einem Dorf nahe Flensburg bewohnten wir ein wunderbares altes Pastorat. Der große, parkähnliche Garten war für die Kinder ein Paradies, in dem sie mit ihren Freunden spielen und tollen konnten. Die ersten Lebensjahre waren für *unsere kranken Kinder ja noch verhältnismäßig unbeschwert, ihre körperliche Bewegungseinschränkung noch nicht ausgeprägt. Sie konnten wandern, radeln und nach Herzenslust spielen.*

*Im Grundschulalter kam es zu den ersten, wochenlangen Klinikaufenthalten. Wir sorgten uns darum, daß unsere beiden Muko-Kinder Lesen, Schreiben und Rechnen lernten für den Fall, daß der Krankheitsverlauf einen weiteren Schulbesuch unmöglich machen könnte. Damals lag das zu erwartende Lebensalter von Mukoviszidosekindern ja nur bei 10-15 Jahren. So wurde bei jedem Klinikbesuch gelesen, gerechnet und geschrieben – nicht gerade zur Freude der Kinder. Auch in späteren Jahren waren wir Eltern unnachgiebig, wenn es um Aufgabenbewältigung und Schulbesuch ging. In den letzten Lebensmonaten unseres Christoph kam es vor, daß der Vater ihn in die Schule fahren und tragen mußte, weil der Atem fehlte. Die Kinder waren begabt. Das half ihnen, die Schulzeit trotz vieler Fehlwochen problemlos zu durchlaufen. Durch die Krankheit unserer Kinder wuchs die Familie zu einer unerschütterlichen, verschworenen Gemeinschaft zusammen. In ihr fühlten sich die Kinder, ob gesunde oder kranke, aufgenommen und geborgen. Wir pflegten einen heiteren, offenen und frischen Umgangsstil. Hilfreich war dabei, daß die beiden Kranken einen Wesenszug ihrer Mütter geerbt hatten : eine ausgesprochene Fröhlichkeit, die sie trotz aller Todesbedrohung bis an ihr Lebensende bewahrten. Sie liebten das Leben, freuten sich an der sie umgebenden schönen Welt. Wir Eltern versuchten, diese Freude immer neu zu wecken.*

*Der Sonntagnachmittag gehörte der Familie. An ihm wurden oft gemeinsame Auto-Ausflüge oder Radtouren und Spaziergänge unternommen. In jedem Sommer wurde gemeinsam Urlaub gemacht. Unsere beiden Kranken waren schon als Kleinkinder dabei. Der Pari reiste mit und die "Apotheke", später auch die Sauerstoffflasche und der Generator. Es waren Wochen, in denen wir die Schönheit der Natur und der Baukunst gemeinsam erlebten, viel Zeit zum Gespräch fanden, innerlich und äußerlich zusammenrückten. Ein an sich trauriges Ereignis war es, daß das Zusammengehörigkeitsgefühl noch weiter verstärken sollte. Während der Abwesenheit von uns Eltern und der Kinder brannte das alte Pastorat bis auf die Grundmauern nieder. Wie froh waren wir, daß unsere Susanne gerade in die Klinik gekommen war, und kein Kind Schaden nahm! Der Schmerz über den Verlust von Hab und Gut wurde überlagert von der Dankbarkeit. Das nächste Jahr verbrachten wir in sehr beengten Verhältnissen in den Bodenräumen des Gemeindehauses. Man rückte im wahrsten Sinne des Wortes auf engstem Raum zusammen, teilte miteinander jeden Quadratmeter. Wir erlebten diese Zeit gegenseitiger Rücksichtnahme und gegenseitigen Verstehens als eine wunderbare gemeinsame Lebenszeit.*

*Es hatte sich wie von selbst ergeben, daß die ganze Familie – wenn irgend möglich – sich nachmittags zum Kaffee zusammenfand. Dann wurden Erlebnisse und Vorhaben miteinander besprochen. Die Kinder wurden schon in jungen Jahren miteinbezogen. Selbstverständlich verging kaum eine Woche, in der das Thema*

*Geschenk eines Mukoviszidose-Patienten an Frau Herzog*

Mukoviszidose nicht angesprochen wurde. Wir haben unseren Kindern nie falsche Hoffnungen gemacht. Sie merkten doch selber, wie es mit ihnen "bergab" ging. Wir haben vielmehr versucht, behutsam und einfühlsam und dennoch offen die Frage ihres Schicksals, die Frage nach Tod und Leben anzusprechen. Es war ein langer Lernprozeß, ein Miteinanderringen um Einsicht und Antwort auf die Frage nach dem unausweichlich frühen Sterben. Wir versuchten, diesen Weg gemeinsam zu gehen und zu bewältigen – es war kein leichter. Er führte durch inneren Protest, durch Unverständnis und doch letztendlich in die Zustimmung zu Gottes Wegen mit uns. Wir lernten, daß das Leben nicht nur körperliche Gesundheit bedeutet, sondern in der tiefen Geborgenheit in Gott liegt. Diese Geborgenheit gab den Kindern und uns nicht nur die Kraft, mit den Schwierigkeiten fertig zu werden, sondern jeden neuen Tag als Geschenk anzunehmen. Aus dieser Geborgenheit schrieb Christoph kurz vor seinem Sterben, daß "ich bald in das Himmelreich zurückkehren werde. Ich bin aber nicht unglücklich..."

Zum Sonntag gehörte für uns der Gottesdienstbesuch, – ungezwungen, vielleicht auch bisweilen "dem Vater zuliebe". Dort suchten wir Trost und Kraft für die kommende Woche. Meist schloß sich daran eine rege Familiendiskussion beim Mittagessen über die Predigt an. Freude machte es den Kindern, bei der Ausgestaltung von Gemeindeveranstaltungen mitzuwirken. Alle Kinder spielten Instrumente, bliesen mit im Bläserchor und sangen im Kirchenchor. Für unsere Muko-Kinder war das zugleich Bestätigung dafür, daß sie nicht nur nehmende, sondern auch gebende Menschen waren. Durch das gemeinsame Tun hatte die Familie auch während der Woche viele gemeinsame Erlebnisse. Sie erhellten immer wieder den Alltag, forderten aber zugleich auch die Kinder.

Um das enge Verbundensein in der Familie schloß sich der Kreis der Verwandten. Sie standen uns, zumal in ihren Reihen einige Ärzte waren, mit Rat und Tat zur Seite. Nie wurden wir allein gelassen, äußerten eine Bitte vergeblich. Die Verwandten ermöglichten uns Eltern immer wieder kurze Atempausen der Erholung. Sie sprangen ein, wenn die Mutter alljährlich für mehrere Wochen mit ihren beiden kranken Kindern auf die Insel Sylt fuhr, damit sie an der Nordsee neue körperliche Kraft sammelten.

Der Beruf des Vaters brachte es mit sich, daß die Familie in einem engen Verhältnis zur Gemeinde stand. Die Bewohner liebten die beiden Kinder, nahmen sie an. Für sie war das Mädchen im Rollstuhl ein selbstverständlicher Anblick und das paffende Geräusch des Oxymaten im Gottesdienst eine normale "Begleitmusik". Es gab kaum einen Klinikaufenthalt, an dem sie nicht mit Grüßen und Gaben an unserem Hoffen und Bangen teilnahmen. Als wir während des "Schneewinters" von aller Umwelt völlig abgeschnitten waren, da sorgten die Männer des Dorfes dafür, daß Hubschrauber den dringend benötigten Sauerstoff einflogen. Kurz darauf starb Christoph. Hunderte von Menschen sammelten sich – ebenso wie Jahre später bei Susanne – an seinem Grab.

Es war ein besonders Glück für uns, daß wir in den leitenden Ärzten der Kinder-
kliniken von Kiel und Norderney nicht nur tüchtige Mediziner fanden, sondern
Menschen, die mit besonderer Zuwendung am Leben unserer Kinder teilnahmen.
Im Laufe der Jahre und Jahrzehnte entwickelte sich ein geradezu freundschaftliches
Verhältnis der Familien zueinander, das bis auf den heutigen Tag Bestand hat. Es
war dieses vertrauensvolle menschliche Verhältnis, das unseren Kindern den Gang
in die Klinik nicht gar so schwer machte. In großer Offenheit sprachen diese Ärzte
mit uns Eltern über den schicksalschweren Weg der Kinder, die ihnen noch verblei-
bende Lebenszeit. Als unsere Kinder starben, Christoph mit 15 Jahren, Susanne
mit 32 Jahren, kam der Tod nicht überraschend und unvorbereitet. Er war in den
letzten Jahren ständiger Begleiter und Bruder geworden. Natürlich schmerzte es,
zwei hoffnungsvolle Kinder sterben, Susanne sehr qualvoll sterben zu sehen. Die
Wunden brechen immer wieder auf. Menschen haben uns geholfen, das Leid zu
tragen.
Die Hände aber, die uns in aller Not trugen, waren Gottes Hände. Der Taufspruch
unseres Christoph galt und gilt für uns alle: "Von allen Seiten umgibst du mich,
Herr, und hälst deine Hand über mir."

*Lorenz Petersen, Glücksburg*

*Oliver Karl †*

Marius Westerl

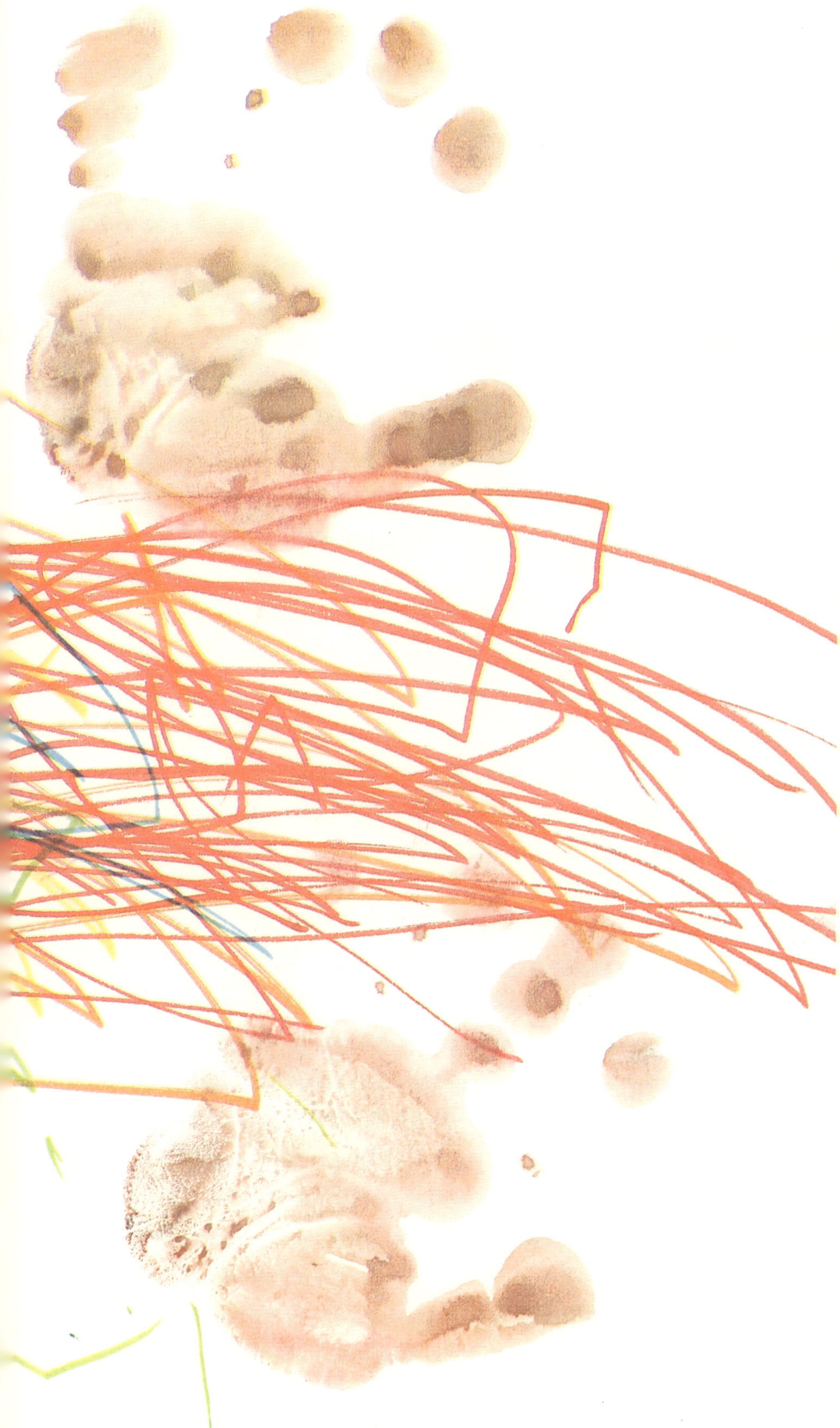

Hallo Ihr Lieben!

Mein Name ist Marius, ich bin 2 Jahre alt, und für mein Alter noch sehr klein und zart (71 cm, 8000 g). Ich habe zwar Mucoviscidose und noch ein paar andere Dinge, aber ich habe schon 8 Operationen überstanden, und wie man sieht, wird auch aus dem Kleinsten Frosch ein Wonneproppen.

Laufen kann ich zwar noch nicht alleine, aber das wird schon noch, sagt meine Mama.

Am liebsten spiele ich mit Autos und Motorrädern, male Bilder oder sehe mit Papa Formel 1 Rennen.

Bis bald

Euer Marius.

Somit können auch noch andere Eltern sehen, daß ein Kind trotz schwerer Krankheitsgeschichte fröhlich und glücklich sein kann.

Viel liebe Grüße

Rose Westerwelle

e, 21 Monate.

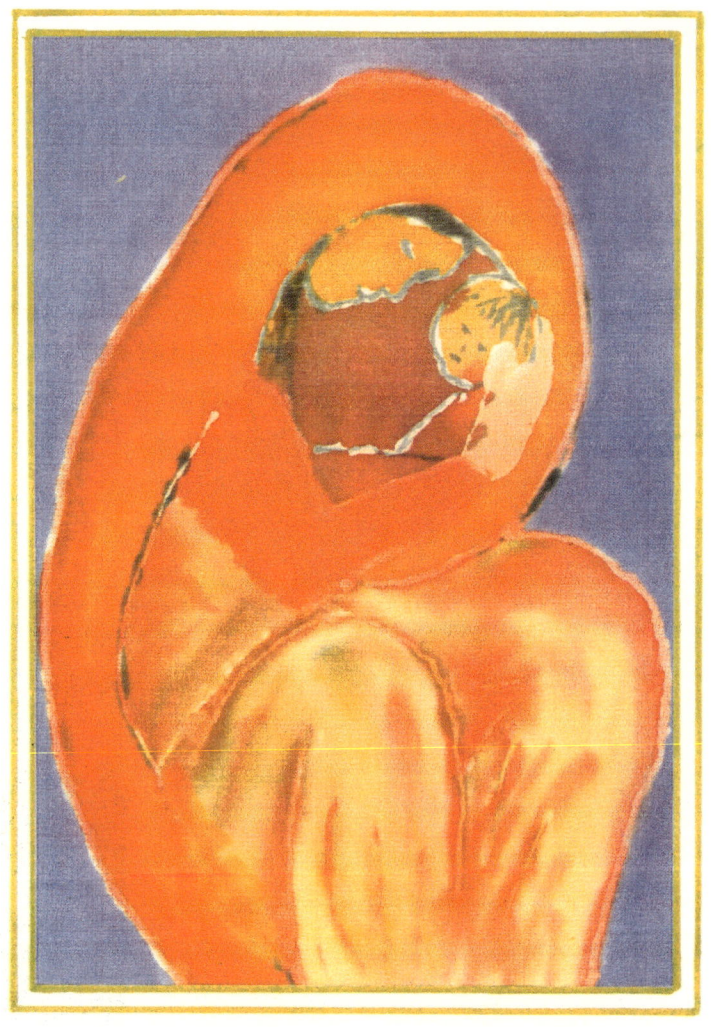

*Susanne Petersen*

## Es ist uns anvertraut

*Advent 1986*
*Liebe Freunde!*
*Wir haben bisher auf Eure/Ihre Glück- und Segenswünsche zur Geburt unseres kleinen Florian Johannes noch nicht reagiert. Das hatte seinen Grund:*
*Zu Recht wird die Geburt eines Kindes in der Regel als "freudiges Ereignis" gefeiert: So haben uns viele durch ihre Besuche, Briefe und Anrufe ihre Mitfreude an Florians Geburt zum Ausdruck gebracht. Und wir wissen auch, daß sehr viele innerhalb unserer Gemeinde wie auch aus unserem weiteren Freundes- und Bekanntenkreis die Schwangerschaft und die Geburt in ihren Gebeten begleitet haben. Wer hatte nicht mit uns gehofft, daß unser drittes Kind gesund sein möge!*
*Es war für uns eine sehr bittere und schwere Erfahrung, als wir wenige Tage nach der Geburt die ärztliche Diagnose "positiv" erhielten. Das "freudige Ereignis" war für uns ganz plötzlich auch zu einem sehr traurigen Ereignis geworden. Wir hatten so sehr gehofft, daß Florian die Diagnose "Mukoviszidose" mit all den damit zusammenhängenden leidvollen Folgen für das Kind wie für uns Eltern erspart bleiben würde.*
*Gott hat diese Gebete nicht erhört – Florian wird das Schicksal Alexanders teilen müssen. Es war und ist für uns nicht einfach, mit diesem Befund seelisch und geistig fertig zu werden bzw. umgehen zu lernen. Wir können nicht leugnen, daß uns oft Gedanken kommen, in denen uns dieser Ausgang als "ungerecht" erscheint und wir an der "Freundlichkeit Gottes" uns gegenüber gelegentlich zweifeln.*
*Wir – vielleicht aber auch Ihr/Sie? – werden noch eine Weile brauchen, um diese Wege Gottes mit uns wirklich anzunehmen und bejahen zu können. Vielleicht brauchen wir jetzt Eure/Ihre Gebete mindestens so dringend wie in der Zeit vor der Geburt.*
*Natürlich haben seine Geschwister und wir den kleinen Florian lieb. Er ist ein bildschönes Kerlchen und entwickelt sich im Augenblick gut. Seit einigen Tagen fängt er an, schon sehr intensiv auf Personen zu reagieren und seine Stimme auszuprobieren. So liegen Freude und Traurigkeit, Lachen und Weinen für uns im Augenblick sehr nah beieinander.*
*Übrigens: vielleicht denkt mancher, wir hätten uns diese ganze Erfahrung auch ersparen können. Eine vorgeburtliche Diagnose und ein Schwangerschaftsabbruch wären ja möglich gewesen. Wir haben sehr ernsthaft darüber nachgedacht und uns gefragt, ob wir die Kraft hätten, ein zweites krankes Kind zu betreuen und mit Liebe zu umgeben.*
*Ob wir die Kraft haben werden – wir wissen es jetzt noch nicht. Aber wenn wir jetzt den kleinen Florian auf dem Arm haben und er uns mit seinen großen Augen ansieht, dann sind wir froh, daß wir uns nicht gegen dieses Leben entschieden*

haben. Es ist ein liebenswertes kleines Leben, das da in unseren Armen liegt und unserer Obhut anvertraut ist. Daß es für ihn selbst einmal liebenswert sein möchte – das können wir nur hoffen und erbitten.

In dieser vorweihnachtlichen Zeit geht uns häufig das Adventslied von Jochen Klepper "Die Nacht ist vorgedrungen..." durch den Sinn.

Lassen Sie uns im Blick auf das Leben des kleinen Florian miteinander hoffen, daß wir lernen, die vierte Strophe dieses Liedes immer wieder mitzusingen:

"Noch manche Nacht wird fallen
auf Menschenleid und Schuld,
doch wandert nun mit allen
der Stern der Gotteshuld.
Beglänzt von seinem Lichte
hält euch kein Dunkel mehr.
Von Gottes Angesichte
kommt euch die Rettung her."

Euch/Ihnen allen Dank für alle Grüße und alles Mittragen,

Traute und Dieter Lorenz

# Herzenswünsche e.V.
## Verein für schwer erkrankte Kinder & Jugendliche

Es macht uns große Freude, unsere Gruppe „Herzenswünsche" mit einigen Beispielen unserer Arbeit vorzustellen:

Eigentlich erfüllen wir langgehegte Träume und Wünsche für alle schwerkranken Kinder und Jugendliche. Diese Aufgabe erfüllen wir im ganzen Bundesgebiet mit sehr viel Freude und großem Engagement seit mehreren Jahren mit 55 ehrenamtlich arbeitenden Helfern.

So wurden wir auch mit dem Thema Mukoviszidose konfrontiert, und der Gedanke, daß dies eine immer noch nicht heilbare Krankheit ist, die kaum jemand kennt, ließ uns nicht mehr los. Wir entschlossen uns nach vielen Gesprächen mit Mukoexperten zur Durchführung einer sogenannten Klimakur. Wir wählten die Insel Gran Canaria aus, weil wir dieses Klima für besonders geeignet hielten. Auch Frau Christiane Herzog unterstützt uns bei diesem Projekt ganz besonders, und wir können nach der ersten Reise-Saison sagen, daß es gelungen ist, die Patienten für drei Wochen in diesem Winter aus einem unerträglichen Klima in eine für sie bislang unbekannte Klimazone zu bringen.

Da wir ja besonders belastete Familien vorgesehen haben, können Sie sich sicherlich die Freude auf und über ein solch tolles Reiseerlebnis vorstellen. Wir wählten Quartiere, die nahe am Meer liegen und vor allem so gelagert sind, daß in einem gesundheitlichen Ernstfall schnelle Hilfe zur Stelle ist. Wenn die Patienten dann nach drei Wochen heimkehren, so fühlen sie sich alle gesundheitlich so gut, daß sie uns begeistert schreiben. Die nächste vierwöchige Klimakur haben wir schon in Angriff genommen. Die Vorfreude darauf kann also einsetzen, und was die eigentlichen Herzenswünsche betrifft, die erfüllen wir nach wie vor besonders gerne, denn sie wissen ja: Gesunde haben viele Wünsche, Kranke nur den einen!

Mit herzlichem Gruß,

Wera Röttgering   -   Renate Loft   -   Hanne Greiwe

### Ab auf die Insel!

Unter diesem Motto startete im Januar dieses Jahres unsere Gruppe, bestehend aus fünf CF-lern und ihren Begleitern, in Richtung Süden. Unser langersehntes Ziel hieß Gran Canaria. Endlich raus aus der ungemütlichen Winterkälte, hin zu Palmen, Strand, Meer und Sonne! Diese dreiwöchige Klima-Kur wurde organisiert und gesponsert von der Aktion „Herzenswünsche" mit Sitz in Münster und stand unter der Schirmherrschaft von Frau Christiane Herzog. Wir wurden alle mit einem sehr großzügigen „Urlaubsgeld" beschenkt und kamen voller Erwartungen, Koffern mit Sommersachen und startbereiten Fotoapparaten in Las Palmas an. Dort wurden wir herzlich von Frau Torres, unserer dortigen Betreuerin, in Empfang genommen. San Agustin war dann unser Endziel, ganz im Süden der Insel. Viele tolle Erlebnisse ließen die Zeit wie im Flug vergehen. Genannt seien hier nur die Inselrundfahrt, ein U-Boot-Trip im Ozean oder eine Kamel-Safari. Wir waren begeistert. Gesundheitlich fühlten wir uns alle prächtig, keiner benötigte ärztliche Betreuung. Baden im Pool oder im Meer, dazu warme Sonne auf der Haut, das tat gut! Ausgiebig studierten wir die exotische Küche auf Gran Canaria, lernten nette Leute kennen

*Fee Comesane*

und fühlten uns bald so wohl, dass das
Abschiednehmen schwer fiel.
An dieser Stelle möchten wir uns ganz herzlich
beim Team von „Herzenswünsche" e.V. in Münster
sowie bei allen Sponsoren und Helfern bedanken,
die uns diese herrliche, kostenlose Klimakur
ermöglichten!!

Im Namen der CF - Regionalgruppe
Greifswald & Vorpommern
Kasin Hehnke und Marco Bricks

Danke für den schönen Urlaub
den wir haben werden.
Sabine Höer

*Sabine Höer*

11.06.95

Hallo!

Ihr wolltet gern ein paar Zeilen von mir zu meinem gemalten Bild letztes Jahr.

Im Sommer 1994 hat mir der Verein Herzens-wünsche einen Reiterurlaub geschenkt. Zu-sammen mit meiner Mutti und meinem Bruder sind wir dort hingefahren. Es hat mir dort sehr gut gefallen, so daß ich im Sommer 1995 wieder hinfahre. Vor dem Urlaub habe ich ein Bild ge-malt, so wie ich mir die Ferien vorstelle. Und ich muß sagen, daß alle meine Erwartungen er-füllt wurden.

Schüß.

Eure Sabine

*Sabine Höer*

## Wer ist Marlon?

Beim Abklopfen darf ich fernsehen; mein Lieblingsfilm ist die Feivelmaus, die sucht ihre Familie in Amerika. Sehr oft muß ich spucken beim Abklopfen, deshalb steht immer ein Eimer in meiner Nähe.

Dann gehe ich mit Oma nach draußen, vielleicht einkaufen oder zur Oma Berlage; da bekomm ich immer ein Plätzchen. Doch zuerst gehe ich ins Geschäft, Oma Angela begrüßen! Wenn der Bernhard Maikäfer (Schokolade) hat, gehe ich rüber, und wenn ich ganz lieb bin, bekomme ich sogar noch einen für Mama und Pappa!

*Für unsere Kaninchen
muß ich mit Opa
Futter vom Markt holen.*

Ich, der Marlon,

bin drei Jahre alt

und habe „Mukoviszidose"!

Inhalieren

kann ich schon

ganz alleine!

Marlon Dahlhoff-Ziak

Liebe to Leute!
Heute ist Sarahs Platz in
unserer Klasse wider leer.
Das macht uns sehr traurig.
Sarah ist im Krankenhaus,
weil sie eine schlimme
Krankheit hat. Sie muß
viel husten.
Wenn Regenwetter oder
Nebel ist, bekommt sie
schlecht Luft.

Krankenhaus

Sarah

Sarahs kleine Schwester ist
auch krank.
Wir wünschen für Sarah,
ihre Schwester und die
Eltern Ferien in einem
Land, wo es auch im Winter
warm und sonnig ist.
Viele liebe Grüße von
den Kindern der Klasse 2

## Briefe aus der Heimatschule

Sehr geehrte Damen und Herren,
Sarah Nienkötter ist eine Schülerin meiner Klasse 2. Sie leidet an Mukoviszidose. Während des Unterrichts wird sie häufig von heftigen Hustenanfällen geschüttelt. Viermal jährlich muß sie jeweils für 2 Wochen das Clemenshospital in Münster zur Lungenbehandlung aufsuchen. Besondere Atembeschwerden hat sie im Winterhalbjahr. Bei neblig-feuchtem Wetter schafft sie kaum den Weg vom Klassenraum bis zur nahegelegenen Turnhalle. Sarahs jüngere Schwester leidet an der gleichen Krankheit.

Mit freundlichen Grüßen
Dr. Leiwering

Sehr geehrte Damen, sehr geehrte Herren!
Alle Lehrkräfte unserer Schule nehmen teil am Leiden der kleinen Sarah. Die Lebenserwartung derart erkrankter Kinder ist wohl nicht sehr hoch. Täglich erleben wir den Kampf gegen unseren „westfälischen Winter". Wie sehr würden wir uns mitfreuen, wenn Sarah sich in einem Land voller Sonne erholen könnte. Sie selbst und die ganze Familie würden sicher lange davon zehren können.
Wir hoffen auf eine gute Nachricht.

Mit freundlichen Grüßen
H. Gotthardt.

*Sarah starb am 1.4.1993 im Alter von neun Jahren.*

Hand   Luftblasen   Bauchnabel            Lunge   Hals   Becken

… ein Teil von mir                                          Darm

# Der Mensch

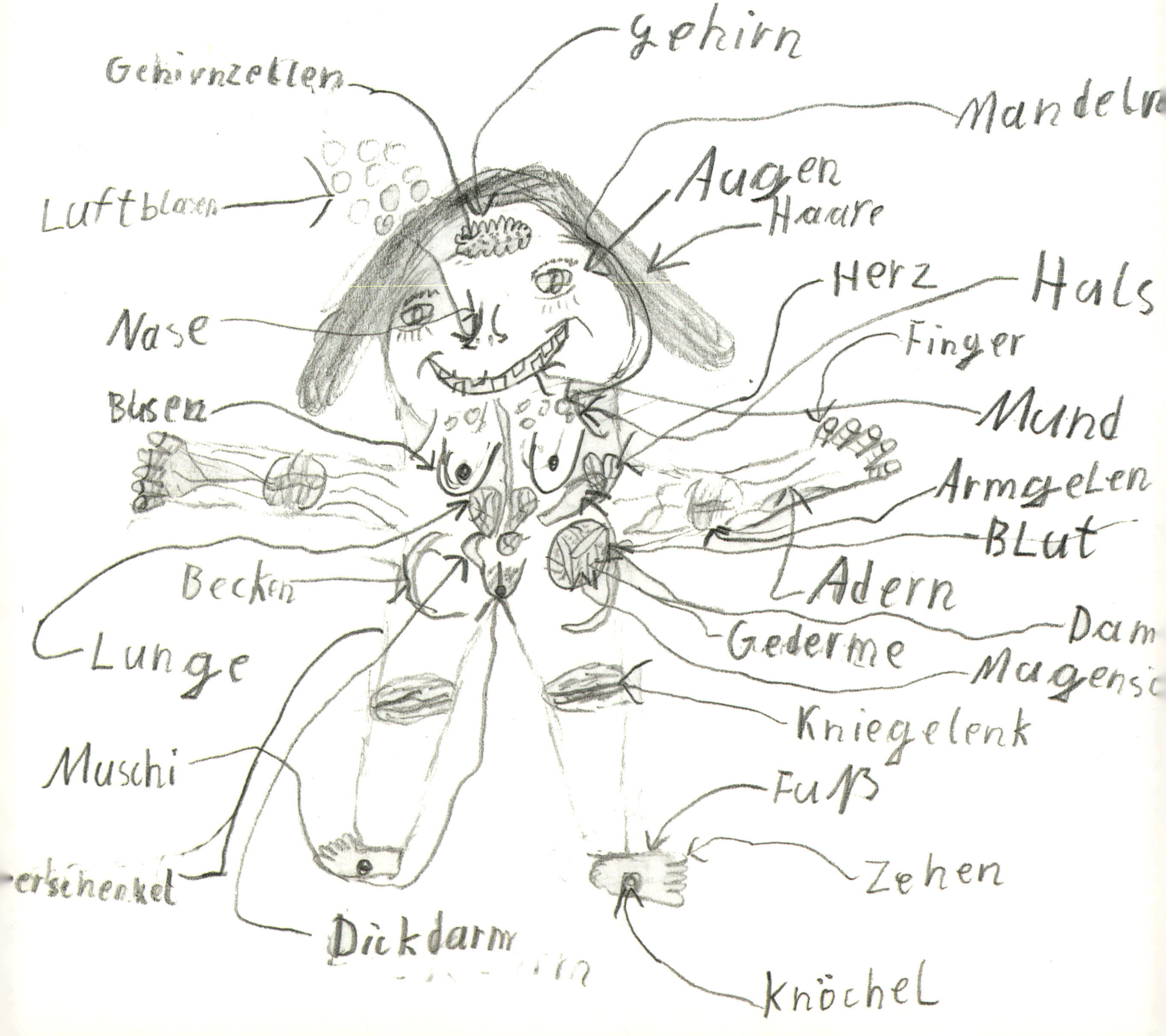

Gehirnzellen

Gehirn

Mandeln

Luftblasen

Augen
Haare

Herz

Hals

Nase

Finger

Blasen

Mund

Armgelen

BLut

Becken

Adern

Lunge

Gederme

Dam

Magens

Kniegelenk

Muschi

Fuß

erschenkel

Zehen

Dickdarm

knöchel

Die Körperteile

Herz

Armgelenk  Kniegelenk

Gehirn

Augen  Nase

Busen

Muschi

Hand  Luftblasen  Bauchnabel  Knöchel

Lunge  Hals  Becken  Darm

Adern  Dickdarm  Hand  Arm

Bein  Fuß  Kopf  Blut

*Maria Welke*

# Hallo Leute

*Hallo Leute!*

*Ich heiße Henning, bin 26 Jahre alt, CF Patient und arbeite seit 1986 im Beruf des Verwaltungsfachangestellten. Ich habe eine eigene Wohnung, die Abkapselung vom Elternhaus ist mir also trotz der Krankheit geglückt, und meistere so mein Leben mit all seinen Höhen und Tiefen.*

*Der eine oder andere von Euch kennt mich ja vielleicht noch von damals. Vor fast zehn Jahren durfte ich bei den schönen Jugendfreizeiten unserer Gesellschaft mit dabei sein. Dort und auch auf den Jahrestagungen lernte ich eine Menge Jugendliche mit Mukoviszidose kennen. Wir tauschten Erfahrungen aus, besprachen Probleme oder hatten auch einfach nur so unseren Spaß.*

*Mit Informationsschriften und auch durch den Erfahrungsaustausch erfuhr ich auch Dinge über die Krankheit, die ich nicht einfach verarbeiten und wegstecken konnte.*

*Auf der einen Seite war ich sicherlich froh, aufgeklärter zu sein; aber auf der anderen Seite belasteten mich einige Sachen. So mußte ich mich mit dem Gedanken anfreunden, daß sich die Krankheit auch verschlimmern kann und mir im Extremfalle ein verkürztes Leben ermöglicht.*

*Nach einigen Negativerlebnissen mit CF Freunden beschloß ich, sämtliche Kontakte in dieser Richtung abzubrechen. Dadurch habe ich mich nicht ins medizinische Abseits gestellt. Regelmäßige Besuche in der CF-Ambulanz bei Herrn Dr. Heuer in Hamburg und die Mitgliedschaft in unserer Gesellschaft halten mich immer auf dem laufenden und ermöglichen mir optimale medizinische Betreuung. Inzwischen habe ich das Thema Mukoviszidose verarbeitet. Ich habe gelernt, daß sie ein Teil von mir ist. Sie macht es manchmal erforderlich, meine Aktivitäten auf sie abzustimmen. Ich genieße mein Leben und habe keine Probleme, meinen Freunden auch mal zu zeigen, daß es mir gerade echt dreckig geht. Meine Freundin hat sich auch nicht daran gestört und akzeptiert mich mit der Krankheit, so wie ich bin. Unterdessen habe ich den Kontakt zu CF-Freunden wieder aufgenommen. Das war eine gute Entscheidung.*

*Neben meinem Beruf habe ich noch zwei weitere Hobbys. Ich bin als Journalist für zwei verschiedene Zeitungen unserer Stadt auf Achse. Da bekomme ich vom Chefredakteur Termine zu Pressekonferenzen oder sonstigem, zu denen ich hinfahre und dann daraus einen Artikel mit Foto mache.*

*Das reicht von Ausstellungseröffnungen über Straßenumfragen, politischen Sitzungen bis hin zu Geschäftseröffnungen. Es bringt besonders Spaß, weil ich mich zwangsweise mit verschiedensten Themen beschäftigen muß, um über sie schreiben zu können.*

Mein zweites Hobby ist ein ehrenamtlicher Job. Seit einigen Jahren machen wir mit 14 Leuten ein Radioprogramm für die Patienten, die in unserer städtischen Klinik liegen. Das Krankenhausradio empfängt jeder Kranke am Bett mittels eines kleinen Hörkissens. Jeden Sonntag erfüllen meine Kollegen und ich die Musikwünsche der Hörer. Über 1000 Schallplatten groß ist unser Archiv. Die Patienten rufen persönlich bei uns im hauseigenen Studio an oder lassen ihre Musikwünsche durch die Schwestern ausrichten.

Durch die große Anzahl von älteren Patienten, wird das Wunschkonzert automatisch einseitiger gestaltet. Heino, Udo Jürgens oder der Schneewalzer wird natürlich öfter gespielt als Jürgen Drews oder Jennifer Rush.

Oft bieten wir den Hörern auch themenbezogene Sendungen an. Da machen wir Talkshows. Wir laden Politiker oder Geschäftsleute unser Stadt ein und stellen sie vor. Aber auch Prominente waren schon bei uns.

Besonders freute mich, Friedrich Schütter als Gast gehabt zu haben. Vor zwei Jahren machte ich eine zweistündige Talkshow mit Mike Krüger. Schauspieler vom Ohnsorg-Theater, Karl Dall und Hans Scheibner standen schon auf unserer Gästeliste.

Ich meine, daß ein Krankenhausradio eine sinnvolle Einrichtung ist, um die Patienten vom Klinikalltag abzulenken. Das sollte es eigentlich in jedem Krankenhaus geben.

Wie ihr seht, genieße ich mein Leben in vollen Zügen – solange es noch so gut geht. Und ein möglicherweise verkürztes Leben habe ich inzwischen akzeptiert. Ich denke, dafür lebe und genieße ich eben jetzt viel intensiver. Ich hoffe, ihr meistert in ähnlicher Form Euer Schicksal.

In diesem Sinne. Tschüß Henning

Aus: Amrum-Album

# Doktorrätsel

Offnes Hemd und dicker Bauch,
eine Brille trägt er auch
hüpft oft herum und singt
was ganz lustig klingt.
Mit rauchen hat er nix am Hut
ale Patienten finden ihn gut
Venen kann er super treffen
knurrige Schwestern mal nachäffen,
ja das alles macht der Kleine
nun ist ganz klar, wen ich meine

*Katharina Mrosek*

Christian Sievers

Der Infusomat

Der Infusomat tut immer seine gute Tat.
Es begann mit dem Tropfenzähler dran.
Dann kommt noch die Flasche her,
die muß laufen bis sie leer.
Entweder 20 oder 60 ist die Zahl, oder 80
ganz nach Patientenwahl.
Und noch Antibiotika dazu, das ist der Clou.
Wenn dann Luft im Systeme ist,
sagen alle: „So ein Mist!"
Schnips die Blase ganz, ganz weit hoch,
kommt sie wieder runter sagen alle: „Och!"
Und nun kann es beginnen,
doch der Stecker ist nicht drin.
Nach einer Stunde ungefähr piepst es,
man guckt hin, die Flasche ist leer.
Dann wirst du abgestöpselt und kannst
rumspringen wie wild, das ist ein schönes Bild.
Und nach paar Stunden dann, bist du wieder dran.

Dichter: Frank Luthardt

*Geschenk eines Mukoviszidose-Patienten an Frau Herzog*

# Endlich mal ...

*Hallo Nicki!*
*Als ich mir die neue CF-aktuell ansah und Deinen Brief durchlas, konnte ich sehr*
*viele Parallelen zu mir feststellen. Aus diesem Grunde habe ich mich nun hingesetzt,*
*um Dir einen ausführlichen Brief zu schreiben.*
*Schon als Kleinkind ging es mir sehr schlecht. Im Alter von 1 1/2 Jahren bekam*
*ich Masern und hinzu kam meine 1. doppelseitige Lungenentzündung. Ich wurde*
*in eine Kinderklinik eingewiesen und mußte dort fast ein Jahr verweilen. Blaue*
*Lippen und Luftnot hatte ich immer schon. Meine Trommelschlägelfinger waren*
*auch sehr auffällig und schon wurde in einer örtlichen Lungenklinik die Diagnose*
*"Asthma Bronchiale" gefällt. Immer wiederkehrende Lungenentzündungen und*
*große Luftnot machten mir die ersten Lebensjahre sehr schwer. Von der Diagnose*
*Asthma rückte man nicht ab und jeden Winter wurde ich für 6 Wochen in die*
*gute klare Luft des Hochsauerlandes geschickt. Diese "Erholungen" taten mir*
*auch sehr gut und die immer wiederkehrenden Lungenentzündungen wurden*
*von Jahr zu Jahr weniger. Ab dem 10.-12. Lebensjahr bekam ich nur noch ab*
*und zu eine Lungenentzündung und meine Eltern dachten schon, daß ich es*
*geschafft hätte und mein Asthma geheilt wäre. Mit 14 Jahren begann ich eine*
*Ausbildung zum Schaufenstergestalter und beendete diese auch drei Jahre später.*
*Höchstens einmal pro Jahr erwischte es mich wieder und ich lag mit hohem*
*Fieber im Bett. Mittels starker Antibiotika kam ich immer wieder auf die Beine.*
*Mit 18 Jahren lernte ich meine heutige Frau kennen und wir heirateten schon 1*
*Jahr später. Zwei gesunde Söhne wurden 1974 und 1976 geboren. 1978 bekam*
*ich dann einen schweren Bandscheibenvorfall und mußte an der Wirbelsäule*
*operiert werden. Nachdem ich wieder "Laufen gelernt" hatte, stellten sich auf*
*einmal wieder die ersten schweren Lungenentzündgungen ein. Immer häufiger*
*lag ich auf der Nase. Schwere Fieberschübe (bis 41 Grad) wiederholten sich*
*in immer kürzeren Abständen. 1979 machte man endlich mal einen Schweißtest*
*(25jährig) in der örtlichen Lungenklinik und fiel fast vom Stuhl. Werte bis 200*
*wurden in verschiedenen Tests nachgewiesen. Neue Diagnose von Prof. Simon:*
*Mukoviszidose auf die Lunge beschränkt und Asthma Bronchiale Stufe 3-4. Nun*
*ging es richtig los. Eine Untersuchung kam nach der anderen. Unter anderem lag*
*ich 6 Wochen in einer Essener Lungenfachklinik. Dort kam ich mir aber eher wie*
*ein Versuchskaninchen vor. Um mehr über diese Krankheit CF zu erfahren, wurde*
*ich Mitglied in der Gesellschaft zur Bekämpfung der Mukoviszidose. Mittlerweile*
*hatte ich meinen Beruf erfolgreich gewechselt. Als Verwaltungsangestellter bei der*
*örtlichen Stadtverwaltung betreute ich die EDV- Anlage. Die super Klimaanlage*
*tat ihren Dienst und ich war immer häufiger krank. 1989-1990 kam ich auf*
*4-5 Lungenentzündungen im Jahr. Die Atemnot wurde immer schlimmer. Die*

*Medikamente halfen immer weniger. Bis dahin bin ich meinen Schleim immer nur durch anstrengendes Husten losgeworden. Eine tägliche Therapie war nicht in Sicht. Es wurde immer schlimmer. Ich war nicht mehr arbeitsfähig. Es erfolgte eine Rehabehandlung in der Satteldüne (mit 39 Jahren die erste richtige Behandlung). Ich hatte auf Amrum jedoch sehr große klimatische Schwierigkeiten. Eine akute Entzündung kam hinzu. Es folgte meine erste i.V. Behandlung. Nach vier Wochen ging es vorzeitig zurück in die örtliche Lungenklinik. Die 4 Wochen Behandlung haben gereicht, um mein Leben vollkommen umzukrempeln. Ich bekam eine Erwerbsunfähigkeitsrente durch. Nun bestimmen autogene Drainage, Inhalationen, Massagen, Übungen an der Sprossenwand und vor allem Sport meinen Tagesablauf. Seit dieser Rehamaßnahme bin ich in Zusammenarbeit mit meinem Hausarzt alle 3 Monate in der Uniklinik Düsseldorf für einen Tag zum großen Check-Up. Ich wurde auf eine richtige Medikamententherapie eingestellt. Meiner Ehefrau wurde das intravenöse Spritzen von Theophullin beigebracht. Allmorgentlich wird mir nun eine 5 ml Spritze verabreicht, um meine Atemnot etwas zu mildern. Außerdem habe ich 2 Sauerstoffgeräte von der Krankenkasse bekommen. Nachts schlafe ich grundsätzlich nur noch unter Sauerstoffgabe. Am Tage versuche ich ohne auszukommen, was mir nicht immer gelingt. 3 mal täglich benutze ich den Inhalierer. Morgens und abends mache ich autogene Drainage und Atemübungen an der Sprossenwand. Montags bis freitags gehe ich zur Bindegewebemassage, um meinen Thorax locker zu halten. Und alle 6 Monate mache ich eine i.V. Behandlung. Diese mache ich nicht in einer Klinik, sondern in aller Ruhe zu Hause in meinen eigenen 4 Wänden. Die Ärzte sind damit einverstanden und verschreiben mir die nötigen Sachen früh genug. In der Apotheke wird alles besorgt und nun kann es losgehen. Der Hausarzt setzt mir dann eine Braunüle in die linke oder rechte Hand und alles andere wird zu Hause erledigt. Meine Frau und meine mittlerweile 16 und 19 Jahre alten Söhne stehen mir dabei immer hilfreich zur Seite. Ich sehe darin nur Vorteile. Die Krankheit selbst ist schon schlimm genug. Eine ständige Abhängigkeit von Krankenhäusern und Ärzten empfinde ich als sehr unangenehm. Ein absolutes Vertrauensverhältnis Patient–Arzt–Patient ist natürlich Voraussetzung. Durch die i.V. Behandlungen sind meine "Superinfektionen" zurückgegangen. In diesem Jahr habe ich erst eine gehabt. Und an dieser Infektion war ich auch noch selber Schuld. Während und kurz nach der i.V. Behandlung ist meine Abwehrkraft sehr geschwächt. Trotzdem habe ich es gewagt, mit erkälteten Personen zusammenzukommen. Naja, aus Schaden wird man klug.*

*Momentan halte ich meinen persönlichen Zustand für einigermaßen stabil. Voraussetzung ist ein striktes Einhalten der täglichen Therapie, auch wenn es manchmal sehr, sehr schwer fällt, denn einige Zeit des Tages geht dabei drauf.*
*Nun möchte ich Dir abschliessend noch etwas zu meinen sportlichen Aktivitäten erzählen. Wolfgang, der Sportlehrer von der Satteldüne hatte uns erklärt, wie wichtig sportliche Aktivitäten sind. Ich habe meine sportliche "Laufbahn" dem*

Sportschießen gewidmet. Dieser Hochleistungssport beansprucht vor allem die Atmung. Dieses gezielte Atemtraining bringt mir besonders viel. Seit 2 Jahren betreibe ich (fast 40 Jahre alt) diesen Sport aktiv. Zu wieviel Leistungsvermögen ein CF-Kranker fähig ist, zeigt meine Qualifikation zur "Deutschen Meisterschaft". Einen Traum habe ich mir mit dieser Leistung erfüllt, einen zweiten möchte ich mir noch erfüllen. Ich möchte gerne im nächsten Jahr meine sportlichen Leistungen auch international unter Beweis stellen. Da ich in der Behindertenklasse schieße, möchte ich gerne einmal bei den Paralympics starten. Den dritten Versuch kann man sich allerdings nur unter Beachtung aller therapeutischen Anwendungen erfüllen:

*Ein langes, lebenswertes Leben!*

Vielleicht kannst Du einiges für Dich verwerten. Ich würde mich sehr darüber freuen.
Viele Grüße sendet Dir

Udo Grün

49

*Fee Comesaña †*

## Ein Leben im Krankenhaus

*Bums, da ist es geschehen*
*Du hast dir gebrochen ein Bein*
*Du bist verwundet, schwer oder leicht*
*so passierts dir gleich im Alltag*
*im Alltag ohne Sorgen*
*da trifft man leicht das Leid*
*Nun liegst du hier mit Schmerzen*
*du wartest auf die Hilfe*
*die doch oft noch mehr schmerzt*
*als die Verwundung selbst*
*und dann siehst du nurmehr weiße Kittel*
*weiße Verbände*
*Nadeln Faden Scheren Blut*
*Tupfer Kanülen und Spritzen*
*Und dann kommst du an*
*in endlosen Gängen*
*wo die Luft stickig und schwül*
*und siehst du andere, die schreien im Leid*
*wirst du geschoben in Operationssäle*
*wo man dich in die weiße Masse legt*
*wo du kommst endlos lange Zeit nicht mehr heraus*
*die dich hindert an einer Bewegung*
*die dich täte doch nur schmerzen*
*aber es hat dich trotzdem verdrießt*
*du bist gebunden*
*gebunden an Bewegung*
*gebunden ans Bett*
*Hier liegst du nun*
*und schmerzt dich dein Bein*
*und sonstige Verwundung*
*so mußt du warten*
*die Zeit wird vergehen, die Sache wird heilen*
*und fragst du,*
*wie lange wirds dauern, wie lange ists noch*
*so heißt es: Geduld*
*gedulde dich noch*
*mittlerweile wirst du geplagt*
*mit Nadeln, die gehen ins Fleisch oder Vene*

Sandra Sardison

und entziehen dir das Blut
das doch so teuer
und wie es dich schmerzt
der Einstich ist doch so unangenehm
jedoch es muß sein
wenn der Doktor es meint
dann geschieht es auch so
Und bist du nun schließlich
sechs Wochen herin
so kommt nach heißer Erwartung
die freudige Botschaft zu dir hin
morgen sind sie entlassen
wieviel dir daran liegt, das wird dir jetzt bewußt
wie ist der Gedanke schön
morgen bist du ein freier Mensch
bist du erlöst von all diesen Qualen
wo vielleicht manche nicht wert
denn auch die Ärzte können es übertreiben
doch würden sie es geben nicht gerne zu
drum fängt man am besten gar nicht
erst an zu streiten
es hätte sowieso keinen Sinn
und jetzt sowieso nicht –
die Schmerzen sind hin
und wer weiß
vielleicht hat man sich auch geirrt
und ach was, was soll dieses Grübeln
sie haben ihre Sache gut gemacht
Und nun ab ins Taxi und nach Haus.
Nun ist das Krankenhausleben endlich aus!
Adieu, ihr Spritzen und ihr Gipse
Ihr Schmerzen und Infusionen
Nun paß ich besser auf
und werde bei euch bestimmt so schnell nicht mehr wohnen

12. 04. 1984, Felix Dengg †

Das ist ein Pseudomonas

gez.: K. Mrosek

Katharina Mrosek

Liebe Leserinnen, liebe Leser!

Zuerst will ich mich 'mal kurz vorstellen.

Ich heiße Sarah und bin 15 Jahre alt. Seit einiger Zeit interessiere ich mich besonders für die CF-Forschung und -Therapie. Um Antworten auf meine Fragen zu finden, lese ich ziemlich viel, vom Bio-Buch bis zur „Mukoviszidose aktuell", zu diesem Thema. Weder Bücher noch meine Eltern noch Ärzte konnten mir allerdings folgende Frage ausreichend beantworten:

<u>Warum verursacht Pseudomonas fast ausschließlich bei CF-Patienten Lungenentzündungen, während er bei anderen nur sehr selten Infektionen auslöst?</u>

Beim Nachdenken über diese Frage ist mir folgende Idee gekommen: Es ist festgestellt worden, daß Pseudomonasbakterien im Meer so gut wie gar nicht oder nur in geringen Mengen vorkommen. Daraus schließe ich, daß Pseudomonaden in Salzwasser nicht lebensfähig sind. Aufgrund dieser Tatsachen habe ich mir gedacht, daß die Pseudomonasbesiedlung der Lunge bei CF eventuell an einem, im Verhältnis zu gesunden Menschen, zu niedrigen Kochsalzgehalt des Schleims liegen könnte (→ Natrium-Chlorid-Pumpenstörung).

Beweise, daß die von mir aufgestellte Theorie wirklich stimmt, habe ich allerdings noch nicht. Wenn sie allerdings stimmen würde, wäre es denkbar, daß das "Lungen-Milieu" stärker mit Salz angereicht werden muß, um die Pseudomonasbesiedlung zu vermeiden bzw. zu beseitigen!

Daraus würden sich sicherlich neue, einfache und wirkungsvolle Therapieformen ergeben; zum Beispiel:

- Inhalationen mit verstärkter Kochsalzlösung
- häufigere Natrium-Chlorid-Infusionen bzw.
- I.V.-Therapie nur mit Kochsalzlösung.

(Einige Gegner der antibiotischen I.V.-Therapie meinen ja auch, daß in erster Linie nicht die Antibiotika, sondern die Kochsalzlösungen die positive Wirkung ausmachen würde.)

Außerdem könnte man

- Kochsalz als einfaches Desinfektionsmittel in Waschbecken, Toiletten und Duschen einsetzen.

Ich würde mich sehr freuen, wenn mir jemand zu meinen Ideen neue Untersuchungs- oder Forschungsergebnisse bzw. seine eigenen Erfahrungen mitteilen würde.

Meine Adresse lautet: Sarah Zöller

## Mein Rollstuhl und ich

*Mein Rollstuhl ist ein altes Erbstück meiner Großmutter. Man kann alle möglichen Sachen von Großmüttern erben. Rollstühle sind dabei selten. Da sieht man, was für ein phänomenales Glück ich mit meiner Großmutter hatte!*

*Mein Erbstück ist bejahrt und wackelig. Der Charme der Jugend ist dahin. Aber Hauptsache, der Rollstuhl fährt noch. Die erste Probefahrt unternahmen meine Brüder. Hui, ging es um die Ecken und im Kreis herum. Der Rollstuhl schien absolut geländegängig zu sein. Dann gab es einen Knack und ein Hinterrad verformte sich sichtbar. Kleinlaut mußten meine Brüder gestehen, daß ihre Fahrweise für betagte Rollstühle unangemessen zu sein scheint.*

*'Das muß doch nicht sein!' schimpfte der Vater. Er war richtig ärgerlich... Die Hinterräder 'eiern' bis heute. Aber das stört keinen großen Geist und beeinträchtigt die Fahrweise nur unwesentlich.*

*Als nächstes wurde unser neues Objekt ins Auto gepackt. Wir machten einen Ausflug. Ich fand es nämlich zu genierlich, zu Hause durch die Gegend geschoben zu werden. Der Spaziergang fand an der Geltinger Bucht statt. Meine Schwester schob mich und versuchte, aus dem Rollstuhl einen Schaukelstuhl zu machen. 'Entweder du schiebst mich ordentlich oder ich steige aus!' fauchte ich. Aber sie glaubte es nicht und – schwups – stand ich auf. Die Spaziergänger, die uns entgegenkamen, haben gestutzt und waren nicht wenig erstaunt. Meine Schwester hat rote Ohren bekommen. Sie hat es nicht gerne, öffentliches Aufsehen zu erregen.*

*Man gewöhnt sich an alles, sogar an einen fahrbaren Untersatz; besonders natürlich, wenn es sich um ein altes Erbstück dreht. Man gewöhnt sich auch an verschiedene Schieber.*

*Mein Vater schiebt bedächtig, so sind eben besorgte Väter. Meine Mutter schiebt rasant. Nachdem sie mich mit Schwung gegen die Gartentür geschoben hat, fehlt eine Fußstütze. Aber das gibt dem Rollstuhl nur die persönliche Note. Manchmal hat sie es auch auf die Hacken des Vordermannes abgesehen. In diesem Fall obliegt es mir, Warnschreie auszustoßen oder freundliche Entschuldigungen zu stammeln.*

*Männliche Wesen unter 30 pflegen verspielt zu schieben. Sie sind ein Unsicherheitsfaktor. Mal fährt man mit ihnen gut, mal bräuchte man eine Spucktüte.*

*Weibliche Wesen unter 30 schieben dagegen in der Regel zunächst etwas ängstlich. Man muß sich eben ans Schieben gewöhnen. (Mit einem Kinderwagen geht's leichter!) Über die Schiebefreudigkeit meiner Hintermänner- und frauen kann ich mich wirklich nicht beklagen. Es findet sich immer einer für den für mich nötigen Hinterantrieb.*

*Neulich wäre beinahe ein Unglück passiert. Mein Rollstuhl machte sich selbständig. Seelenruhig rollte er auf die Straße. Bei meinem alten Erbstück sind eben nicht nur diverse Schrauben, sondern auch die Bremsen locker. Das bringt das Alter mit sich. Aber den Fluchtversuch nehme ich nicht als Zeichen der Distanzierung. Denn – was wäre ich ohne meinen Rollstuhl?*

*Susanne Petersen, Quern*

Monika Schick

Köthen, d. 31. 3. 95

Sehr geehrte Frau Herzog,

dem glücklichen Umstand verdankend, daß durch die Wahl Ihres Ehemannes als Bundespräsident der Bundesrepublik Deutschlands auch Ihr soziales Engagement bekannt wurde, möchte ich mich als Mutter einer von der Mucoviscidose betroffenen Tochter an Sie wenden.

Zunächst erlaube ich mir, von den Anfängen der eigenen Auseinandersetzung mit einer so schwerwiegenden Erkrankung in der Familie zu berichten.

Geboren als zweite Tochter am 24. 4. 1972 in Dresden wurde relativ schnell in der Kinderabteilung der damalige. Med. Akademie „Carl Gustav Carus" 07/72 – 08/72 die Diagnose „Mucoviscidose" gestellt, nach dem das Kind nach „normaler" Geburt nicht gedeihen wollte; an einem Tag 10 g zu – am nächsten Tag 90 g abgenommen hatte. Nach Zugabe vom damals bekannten Mezym forte, einem Präparat des Berlin-Chemie VEB in Pulverform erreichte das Kind schnell die gewünschte Gewichtszunahme.

Parallel dazu habe ich ab Sept. 1972, als ich das Kind endlich nach Hause bekam, täglich die Kinderabteilung aufgesucht, um eine schleimlösende Inhalationsbehandlung im Sinne wichtiger Vorsorgemaßnahmen dort durchzuführen.

Die Kenntnis der Diagnose und die Erläuterungen der Ärzte sowie des weiteren med. Personals zum Verlauf der Erkrankung war natürlich zunächst eine sehr schwierige Situation.

Die Tatsache jedoch, daß ich 2 Kleinstkinder zu versorgen hatte, ließ wenig Raum, sich unnötigen Gedanken hinzugeben.

Seit der Geburt der 1. Tochter, 1969 war ich Hausfrau und widmete mich deshalb besonders intensiv der 2 Kinder sowie der Betreuung des 2. Kindes mit der Erkrankung.

Damals galt, alles an Obst und Gemüse ist erlaubt, keine Butter, kein Fett, wegen der bekannten besonders schwierigen Lipasesubstitution zu beachten.

Ich erinnere mich sehr genau, welche „Errungenschaft" es bedeutete, vom Arzt ein Rezept mit der Empfehlung bevorzugter Abgabe von Bananen in der Hand zu haben. So fuhr ich aller 14 Tage mit der Straßenbahn durch Dresden, um mich, mit den Kindern an der Hand in die Schlange weiterer Rezeptinhaber einzureihen und tatsächlich dann aufeinmal 1,5 - 2 kg Bananen zu haben.

Der ärztl. Leiter der Mucoviscidose - Sprechstunde war Herr Dr. med. Bodo Gottschalk, dem alle betroffenen Familien viel verdanken, da er gründlich über die Erkrankung und die Versorgung der Kinder informierte. Es bestand ein sehr enges Vertrauensverhältnis zu diesem Arzt, so daß sein Weggang in die BRD Anfang der 80er Jahre ein Schock für viele Eltern war. Erst im späteren Verlauf der ärztl. Begleitung des Kindes und der Familie wurde einem dies besonders bewußt.

Eine, allerdings familiäre Entscheidung, von Dresden nach Baasdorf bei Köthen / Sachsen - Anhalt zu verziehen, war eine besonders belastende Situation.

Nach dem 1. Lebensjahr des Kindes erhielten wir von der Kinderklinik in Dresden ein Inhalationsgerät für die notwendige Behandlung zuhause.

Diese Inhalationen mit dem Kind habe ich immer sehr gewissenhaft erfüllt, da ich davon überzeugt bin, daß diese prophylaktische Maßnahme für die spätere Lungenfunktion gerade im frühen Kindesalter wichtig ist.

Als ich jedoch 2,5 Autostunden von Dresden entfernt wohnte, wurde mir sehr schnell bewußt, wie wichtig die Behandlung in entspr. ausgestatteten Zentren ist.

Im Kreiskrankenhaus Köthen konnte ich damals dem med. Personal mehr über die chron. Erkrankung berichten und die Bedienungsanleitung sowie die täglich erforderlichen Desinfektionen erläutern.

Die techn. Ausstattung zur Inhalation war eine katastrophe; jedesmal, wenn ein techn. Defekt am Inhalier gerät eintrat, mußte ich sofort nach Dresden fahren um dort ein Austauschgerät zu erhalten, was dort auch problemlos erfolgte.

Nicht das Einzelinhalationsgerät war techn. schlecht, sondern die damalige Ausstattung in einem Kreiskinderkrankenhaus.

Die Entwicklung des Kindes während der Schulzeit war nicht durch besondere Auffälligkeiten gekennzeichnet, meine Tochter erfüllte in allen 10 Schuljahren die Anforderungen im Sportunterricht, wie jedes andere Kind auch. Besondere Freude herrschte in der Familie als auch die Schwimmprüfung erreicht wurde.

Insgesamt muß ich sagen, war in allen Schuljahren eine Erkrankung durch einen Infekt der oberen Luftwege eher die Ausnahme. Wenn ich heute die Schulzeugnisse ansehe, die jeweils den Vermerk krankheitsbedingter Fehltage enthalten, so sind diese Fehltage mit maximal 6 Erkrankungstagen eine Bestätigung dieser trotz der Erkrankung festgestellten guten Entwicklung. Wert habe ich stets auf den Aufenthalt im Freien und ausgiebiger Bewegung gelegt.

Mit dem behandelnden Arzt im Betreuungszentrum, Mukoviscidose – Dispensaire in Dresden bestand übereinkunft, daß eine Antibiotikatherapie nur dann begonnen wird, wenn dies dringend erforderlich war.

So habe ich gerade diesen Teil der Therapie sehr zurückhaltend gehandhabt, damit bei späteren notwendigen Antibiotikagaben diese auch wirksam sind.

Sicher eine Auffassung, die nicht jeder Arzt teilt, oder so praktiziert hätte. Wir sind bisher gut damit gefahren.

Meine Tochter ist sehr "handwerklich" begabt und absolvierte am Heimatort in Köthen eine 3jährige med. Fachschulausbildung zum Arbeitstherapeuten, jetzt Ergotherapeut genannt.

Sie hatte großes Glück und fand im Anschluß an eine Praxisausbildungszeit in Berlin eine

Arbeitsstelle lt. Beruf im Krankenhaus Zehlendorf,
jedoch nur für 4h/Tag. Sie selbst würde gern
6h/Tag arbeiten und könnte dies auch aus der
Sicht der physischen Gesamtsituation.

Seit 27.5.1984 ist meine Tochter in Berlin ver=
heiratet und als Mutter muß ich sagen, daß
dies eine so positive Entwicklung ist, die tatsächlich
nicht nur die physische sondern in besonderem
Maße auch der psychischen Situation zu gute
kommt.

Hinzu kommt weiterhin eine grundsätzliche fördernde
eigene Einstellung zum Leben, die gerade bei
einer so schwerwiegenden chron. Erkrankung ge-
ein Segen ist.

Ich denke, es ist wichtig, auch von positiven Beispielen der Mukoviscidose zu berichten, wie wurde das bisherige Leben gemeistert und mit welchem eigenen Inhalt gefüllt.

Immer bleibt natürlich die bange prognostische Frage, wie geht es weiter, wie viele Jahre bleiben, was kann ich noch bewältigen, was kann ich als Mutter noch tun?

Immer wieder haben wir in all den Jahren auch beobachtet, wie viel Unkenntnis allgemein und wie viel Unverständnis bei vielen Menschen besteht, um mit einer chron. Erkrankung umzugehen.

Da Sie gerade diesem Anliegen verpflichtet sind, hoffe ich sehr, daß auch dieser kleine Beitrag Aussagen enthält, die für die Gesamtbeurteilung oder -darstellung mit herangezogen werden können.

Fragen, die uns bewegen, wer hilft mit, geeignete Arbeitsplätze zu benennen und welche Hilfen gibt es bei einem Kuraufenthalt?


Mit freundlichem Gruß

Heidrun Pfiko

Jörg Wyrwa †

## Abwarten

*Eigentlich hatte ich bis zu meiner Pubertät nie Probleme mit Mukoviszidose. Ging es mir mal nicht so gut, inhalierte ich widerwillig, und das tägliche Abklopfen ließ ich über mich ergehen. Auch Tablettenschlucken gehörte eben zum regelmäßigen Ritual. Doch mit zunehmendem Alter bedrückte es mich, daß meine körperliche Entwicklung langsamer voranschritt als bei gleichaltrigen Mädchen. Und eines Morgens fand meine Besorgnis diesbezüglich ihren Höhepunkt:*

*Verärgert kam ich in die Küche: "Das darf doch nicht wahr sein, gerade jetzt." In der Hand hielt ich einen Frühlingsprospekt eines Modehauses. Ein Blouson, den ich kürzlich gekauft hatte, wurde hier preiswerter angeboten. Ohne daß mein Vater wußte, wovon ich sprach und ohne von seiner Zeitung aufzublicken, sagte er: "Das ist doch nicht schlimm, so was ist doch ganz natürlich. Bei dir wird es irgendwann auch so weit sein." Wovon sprach der? Meine Mutter klärte mich auf: "Christine hat heute das erstemal ihre Tage bekommen." Ich mußte schlucken und verließ das Zimmer. Christine ist meine 2 Jahre jüngere, kerngesunde Schwester. Sie war gerade 13 Jahre und ich 15. Ich wartete doch schon sooo lange, daß ich endlich die Menstruation bekam, aber daß meine Schwester mir noch zuvorgekommen war, war nun wirklich zu peinlich. Ich war in diesem Moment dieser Sch...-Krankheit so hilflos ausgeliefert. Das einzige, was ich tun konnte, war weiterhin abzuwarten.*

*2 Monate später begann meine erste große Liebe. Paul war einige Jahre älter als ich und hatte ein Auto. Ich sah noch sehr kindlich aus, und von allen Seiten wurden Bedenken an dieser Freundschaft geäußert. Klar, daß es mit Händchenhalten bei einem 20-jährigen nicht getan ist. Aber ich vermochte seine Wünsche noch nicht zu erfüllen. Also wartete ich um so ungeduldiger darauf, daß ich endlich eine Frau wurde.*

*Im August desselben Jahres fuhr ich mit 2 Freundinnen in ein Häuschen an die Nordsee. Es war Bedingung für diesen Urlaub, daß wir in den mir gut bekannten Kurort fuhren, da ich dort im Kurmittelhaus tägliche Atemgymnastik und Nebelrauminhalation bekam. Daß es dieser Ort sein mußte, an dem nur Familien und Rentner Urlaub zu machen schienen, nahm ich hin, denn die Hauptsache war, daß ich das erste Mal ohne Eltern, nur mit Freundinnen wegfahren konnte. Mit Elvira zankte ich viel, aber mit Doris ging ich gerne Jungs aufreißen. Mein Problem dabei war, daß meine Fönfrisur – seit meiner Freundschaft mit Paul ließ ich meine Dauerwelle nicht mehr lufttrocknen, sondern verpaßte mir in einer 1-stündigen Fönprozedur ein konservatives Outfit, um älter zu wirken – hier durch den Seewind nicht halten wollte und selbst Make-up mich nicht älter als 12 Jahre aussehen ließ. Aber hatten wir erst mal Jungs angesprochen, so beeindruckte ich durch meine große Klappe und Schlagfertigkeit. So große Töne spuckte eben keine 12-jährige! Es war an einem Samstagabend, an dem ich Heimweh nach meinem Freund hatte, als ich die Bescherung sah: "Doris, Doris, ich glaube, ich habe gerade meine Tage bekommen!" "Schrei doch nicht so, das ist doch kein Weltuntergang." Ach, wenn Doris wüßte, daß das für mich der Weltaufgang war. Endlich sagte niemand von meinen Freundinnen mehr, daß ich noch nicht mitreden könne, wenn es um Probleme mit der Pubertät ging. Endlich gehörte ich dazu.*

*Simone Betzing*

# Liebe ist ... sich alles erzählen können!

Christian Sievers

DREI TAGE SPÄTER SIND MARKUS UND NATALIE ZUM KONZERT VERABREDET. LOGE, ERSTE REIHE!

VERFLIXT, SIE KOMMT JEDEN MOMENT, UND ICH HABE NOCH NICHT MAL INHALIERT!

HALLO!

AUGENBLICK, ICH MUß NUR NOCH...

WAS?

... ÄH... MEINE HAARE KÄMMEN!

DU, MEINE ELTERN WÜRDEN UNS EINEN FLUG NACH LONDON IN DEN HERBSTFERIEN BEZAHLEN!

I.V

DA MUß ICH...

... MIT! UNBEDINGT!

G 3'95

*Christian Sievers*

## Mein Generator heißt "Mozart"

Am Anfang stand ein Arztbesuch. Alle neuen Therapieversuche beginnen mit einem Arztbesuch.

'Ich würde dringend zu einer Sauerstofftherapie raten!' sagt mein Arzt. Meine Eltern und ich hörten zu. Ich war erschüttert! 'Niemals', dachte ich, 'wenigstens nicht schon jetzt!'

Ich sah meinen Bruder vor mir, der sechs Jahre vorher an CF (Mukoviszidose) gestorben war. In den letzten zwei Monaten seines Lebens hantierten wir zu Hause mit riesigen Sauerstoffflaschen von alptraumhaftem Gewicht. Dann starb er. Sauerstofftherapie, so folgerte ich, hat mit Intensivmedizin und Sterben zu tun. Ich wollte noch eine ganze Menge Leben!

Der Schock währte nicht ewig. Ich schrieb einem Freund einen langen Brief und klagte mein Leid. Die Antwort war nichtssagend. Zwar hatten wir im Studium zusammen Tee getrunken, über Gott und die Welt diskutiert und so manche Glaubensfrage von allen erdenklichen Seiten betrachtet, doch nun war er ein junger, aufstrebender Arzt mit Familie. Sein Blick war auf die Zukunft gerichtet, meiner auf's Sterben. Uns beide trennten Welten. Ich glaube, er konnte es sich nicht leisten, über meine Probleme nachzudenken. Viele Ärzte sind in dieser Hinsicht überfordert... und nicht nur Ärzte!

Hilfreicher waren meine Eltern und Geschwister. Irgendwann konnten sie mir mit vereinten Kräften glaubhaft machen, daß zwischen der Sauerstofftherapie und 'sofort sterben' ein kleiner Unterschied besteht. Zwar ist es der Anfang eines Endspurtes, doch mancher spurtet lange. Das Thema 'Sterben' ist seither akut geblieben. Es ist für uns alle wichtig, von Zeit zu Zeit darüber nachzudenken.

Der erste Sauerstoffgenerator hielt Einzug in unser Haus. 'Wie war's?' fragte die neugierige Familie am ersten Morgen. Was sollte ich sagen? Erstens war es recht ungewohnt, mit einem Schlauch das Bett zu teilen. Zweitens protestierte meine Nase sichtbar (und leider auch fühlbar) gegen den neuen Luftstrom. Sie wagte es zu bluten. Unterdessen fragte ich mich auch, ob ich mit diesem brummenden, gewichtsvollen Generator jemals wieder verreisen könnte und ob Sauerstoff süchtig macht. Die gute Beziehung meiner Geschwister zum Generator konnte ich noch nicht recht teilen. Sie nannten ihn 'Mozart', weil er unsere Nächte mit einer 'Kleinen Nachtmusik' anfüllte.

Gewohnheit ist alles. Nach einer Weile hatte ich herausgefunden, wie man sich im Bett drehen und wenden kann, ohne im Schlauchgewimmel gefesselt aufzuwachen. (Es ist manchmal so, als hätte man eine Schlange im Bett... nur daß der Schlauch garantiert nicht beißt!) Die Nase gewöhnte sich an die harten Bedingungen. Das An- und Abschalten des Generators gehörte bald zur Tagesroutine. Ob es mir nun besser ging als vorher, konnte ich nicht sagen.

Das erste Mal glücklich über meine Sauerstoffmöglichkeiten war ich, als ich

*Geschenk eines Mukoviszidose-Patienten an Frau Herzog*

wenige Monate später mit Mühe die ersten großen Herzschwierigkeiten überlebte. Der Generator lief Tag und Nacht. Nun wußte ich, daß ich in gewisser Weise sauerstoffabhängig bin. Aber es ist angenehmer, an einen Sauerstoffschlauch gefesselt zu sein, als nach Luft japsend und voller Erstickungsängste im Bett zu sitzen und zu warten...

Die Frage, ob ich mit dem Sauerstoffgenerator noch reisen könne, löste sich ebenfalls. Drei kleine Sauerstoffflaschen wurden angeschafft. Mit ihnen überstehe ich kleine Autofahrten, Arztbesuche und eventuelle kurze Ausfälle des Generators. Letzteres ist zum Glück noch nicht vorgekommen! Der Generator hat Platz in unserem Auto und reist mit mir, vor allem gelegentlich nach Westerland auf Sylt. Die Reisezeit ist kurz. Ein Trip nach Teneriffa liegt außerhalb meiner Realitäten! Es gilt immer wieder, auf die mageren körperlichen Kräfte Rücksicht zu nehmen. Das fällt mir natürlich nicht leicht.

Eine Sache, die ich mir unbedingt abgewöhnen mußte, war, mich mit meiner Sauerstoffbrille in meinem Zimmer zu verkriechen. Diese Unsitte drohte, mich einerseits vollkommen zu isolieren, andererseits begann ich, in Anwesenheit anderer lieber 'ohne' auszukommen, was mir schadete. Am 'Nach–Luft–Japsen' hinterher war's zu merken. Ich bin kein Held. Es hat seine Zeit und viel Überwindung gebraucht, bevor ich mich mit dem Sauerstoffschlauch ins Wohnzimmer traute, wenn Besuch da war. Übung macht den Meister. Unterdessen kennen mich Freunde, Verwandte, Bekannte und Nachbarn mit Sauerstoffbrille. Selbst unseren Postboten scheint mein sonderbares Aussehen nicht zu stören. Mein Sauerstoffschlauch ist so lang, daß ich durch den Flur, in das Wohnzimmer, in die Küche oder auf die Terrasse gehen kann. Meine 'Leine' begleitet mich viele Stunden am Tag. Ein paar Stunden kann ich aber auch 'ohne' auskommen, – ohne Japsen, versteht sich.

Ab und zu 'flucht' es hinter mir. Dann ist einer aus der Familie über meinen Schlauch gestolpert. Das zieht unangenehm an der Nase. Manchmal erdreistet sich einer meiner Geschwister, den Fuß auf den Schlauch zu stellen. Dann schimpfe ich... allerdings nur halbherzig. Kleine Ärgernisse beleben den Alltag. Und sie wollen ja nur, daß ich protestiere!

Die Zeit vergeht und Mozart Nr. 3 steht im Flur. Natürlich – Sauerstofftherapie verbinde ich immer noch mit Endspurtphase. Sie stoppt den körperlichen Verfall nicht. Doch sie kann ihn verzögern... natürlich in Kombination mit all den anderen notwendigen Maßnahmen.

Ich spurte nun schon recht lange. Das ist sehr hoffnungsvoll. Ich hätte gern, daß es noch eine ganze Weile so bleibt.

*Susanne Petersen, Quern*


*Im Blick auf das Ziel liegt eine wunderbare Kraft, auszuhalten, auch unter den schwierigsten Umständen. Diese Kraft hat derjenige nicht, der nur auf die Erde oder in den Nebel blickt.*

*Beda Naegele, Weihnachten 1991, Quern*

*Aus: Amrum-Album*

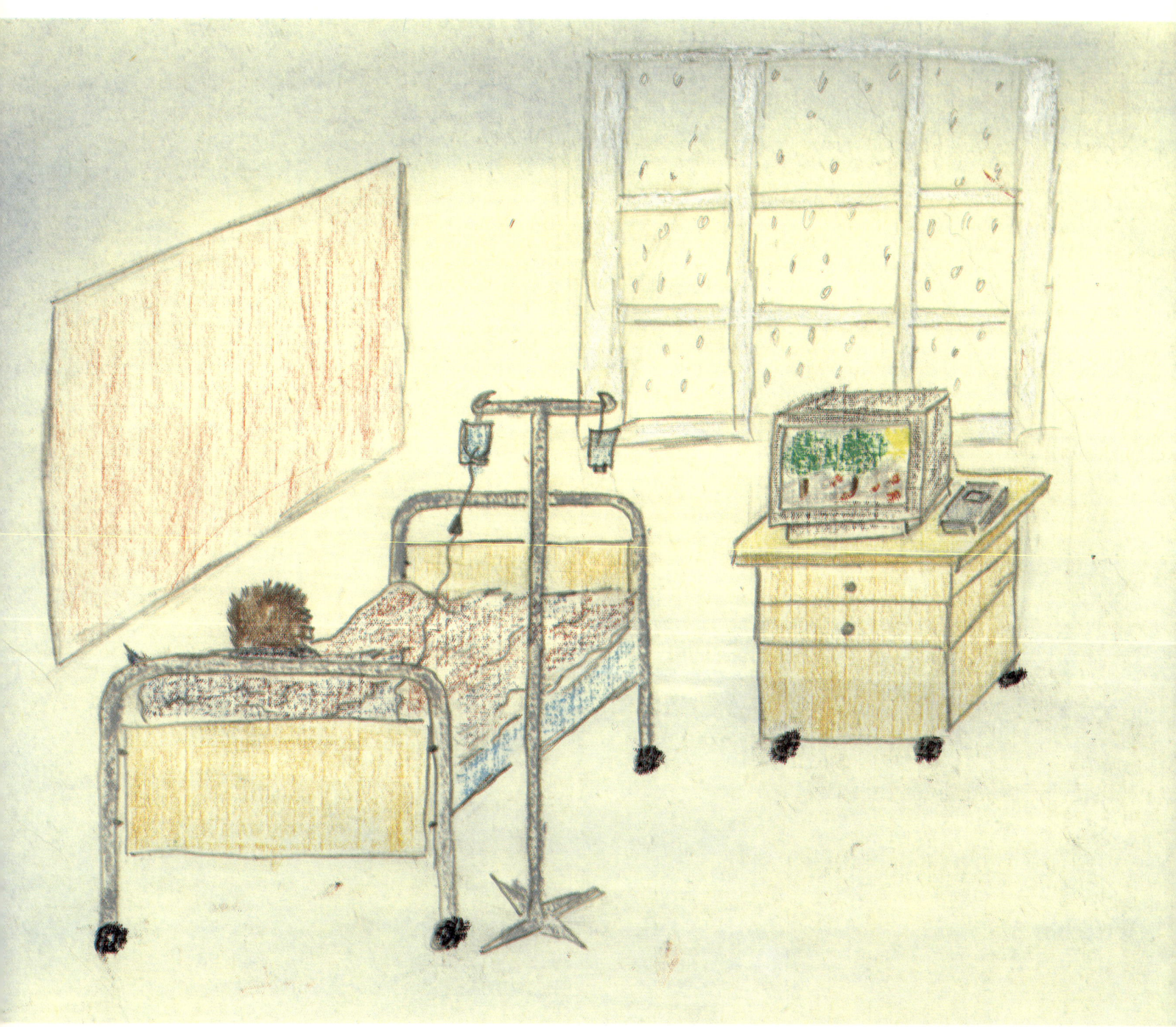

*Geschenk eines Mukoviszidose-Patienten an Frau Herzog*

"Fühle mich (durch sie)
gefangen in mir selbst."

So viele Ziele,
so viele Vorhaben.
Zu viele Träume,
die ich nie alle verwirklichen kann.
Ein Teil von mir
nimmt mir meine Kraft.
Die Kraft,
so zu leben wie andere auch.
So viel Kraft im Körper,
die ich nicht ganz benützen kann.
Eingeschränkt in Dinge,
die mich anstrengen
sie zu vollziehen.

Gefangen in meinem eigenen Körper.
Gefangen wegen etwas,
was mein Leben beeinflußt,
einfach verändert.

Habe Angst vor dem was schon ist,
und was noch kommen wird.
Will aus mir raus,
raus aus meinem Körper.
Fliehen vor der negativen
Entwicklung in mir selbst!

Sehne mich nach Gesundheit,
nach Freiheit.
Sehne mich nach dem Tun,
was ich tun will.

Ersticke an die Sehnsüchte meines Verstandes,
meines Körpers und...
... meines Herzens,
(glücklich sein, Gesundheit + Liebe, etc. ...!).

Bin <u>so müde</u> von ihr!

Fühle mich gefangen durch sie,
bin durch sie oft so hilflos
und verloren.

Sie bereitet mir Kummer und Schmerz,
wie eh und je.
Sie macht mich krank,
und werde noch ganz verrückt
durch sie.

Diese verflixte,
so unheilbare Krankheit.
Ich will von ihr befreit werden.

Ich hasse sie immer mehr!...
... diese 'Cystische Fibrose'!

Silvia Witte.

80

*Trotzdem*

*Fee Comesaña* †

# Hotel K11

K11

Universitäts-Klinikum-Essen

K11

K11 ist ein 5-Sterne Hotel.

Jedes Zimmer mit Bad und TV.

Das Personal ist super.

Die kosten übernimmt die

Krankenkasse. Es liegt im grünen.

Bis bald im schönen Hotel

K11

K11

K11

K11

K11

Katharina
Mrosek 12

Hallo!

**26. Juli 1993** (4)

Ich heiße Kerstin und bin 26 Jahre alt. Im Juli '91 bekam ich nach Jahre langen Irrfahrten durch Kliniken, in der Pro Juventute in Davos, meine Diagnose. Es hieß immer, ich hätte schweres Asthma und man stopfte mich mit Cortison voll. Die andere Seite war die, das man mir einfach nicht glaubte und mich allzuoft als „Spinnerin" abtat. Als ich dann wußte was es ist, fiel ich ich in ein „großes schwarzes Loch". Als Krankenschwester war ich leider auch recht gut im Bilde. Das alles hat mein Leben stark verändert. Ich hab durch die langen Krankenhausaufenthalte meinen Mann „verloren". Er konnte sich mit all dem nicht abfinden. Es war einfach zu viel. Jetzt lebe ich wieder bei meinen Eltern, die sich die größte Mühe mit mir geben. Aber ich merke oft ihre Angst.

*Fee Comesaña †*

Nun, da ich jetzt die Ursache meiner Probleme kenne und weiß das ich es ja doch nicht ändern kann, versuche ich einfach das Beste draus zu machen. Auch lernt man jetzt erst die wahren Freunde kennen. Die meisten haben den Kontakt abgebrochen oder stark eingeschränkt. Oft fühlt man sich von der Welt im Stich gelassen. Ich versuche mich durch irgendetwas abzulenken und eine schöne Zeit zu haben. Die Krankenkasse hat mich leider erstmal in Rente geschickt. Irgendwie kam alles auf einmal. Es war ein gutes Gefühl im Krankenhaus, anderen Menschen zu helfen

Kerstin Drews

*Jörg Wyrwa* †

Benjamin Hartung

Ich heiße Benjamin Hartwig, bin 11 Jahre alt und wohne in 45279 Essen, Dammstr. 8.

Ich gehe in die 4. Klasse der Antonius-Schule.

Meine Hobbys sind:

Basketball, Fußball, Schwimmen, Fahrrad fahren, Toben, Super Nintendo spielen, Game Boy spielen, malen, Musik hören.

Am liebsten esse ich Pizza, Toast, Sandwich, Käse, Hähnchen-Cordon bleu.

Ich habe ein Meerschweinchen, das Schnuffelchen heißt.

In der D-Jugend von MTG Horst spiele ich Handball.

Ich bin Borussia Dortmund-Fan.

Ich habe Mucoviscidose und bin trotzdem immer lustig.

# Der Heimatschulbesuch

Ich heiße Markus Franz, bin 13 Jahre alt und habe cystische Fibrose.

Michael Klemm, der Kliniklehrer wollte einen Heimatschulbesuch machen. Ich hatte zugestimmt, aber ich hatte ein bißchen Angst davor. Es könnte ja sein daß die Schüler dann so viel Rücksicht auf mich nehmen.

Sie haben einfach angst, daß mir was passieren könne. Aber der Heimatschulbesuch war besser als ich dachte. Anschließend haben wir es auch in der Parallelklasse gemacht. Aber es war auch ziemlich lustig.

Beim Ersten Mal war meine Mutter dabei, weil ich unsicher war. Wie die Schüler auf die Krankheit reagieren. Was wir alles gemacht haben: Wir haben über die Vererbung geredet, über das häufige Fehlen, über Gymnastik, einfach alles, was der Muco -oder CF Patient einfach so machen muß.

Anke Heyder Sozialpädagogin, war auch dabei.

Jetzt weiß die Klasse zumindest über mich Bescheid

Markus Franz

## Abgeschoben

*Meine Schwester sagt: 'Dünne Leute sind zäh!' Sie meint nicht mich damit. Sie meint meine magersüchtige Freundin. Aber erste Erfolge zäher Versuche konnte auch ich im letzten Sommer verbuchen: Mir gelang es, den Sonnenschirm aufzuspannen, der zuvor allen Gewaltanwendungen meiner Mutter widerstanden hatte. 'Seht ihr, da mußte erst die Suse mit ihren dünnen Ärmchen kommen!' verkündete ich stolz. Ich wurde bestaunt. Das schmeichelt!*

*Niemals aber hätte ich erwartet, daß meine Mutter es auf weitere Kraftproben ihrer Tochter ankommen lassen würde!*

*Es ist an einem Vormittag in Westerland. Die Sonne weigert sich, so recht zu strahlen. Kein Grund, die Einkaufstour ausfallen zu lassen. Der Rollstuhl wird herangeholt und ab–geht–die–Post. Und der Vater? Er begleitet uns würdig eine Weile und ist dann froh, seine Frauen verlassen zu können. Einkaufen ist nicht seine Leidenschaft! – 'Nein,' sage ich, als wir beim Kaufhaus ankommen,' was für ein schrecklicher Menschenandrang. Da bleibe ich lieber draußen. 'Ein–zwei–drei stehe ich neben der Rentnerbank. 'Rentnerbank' steht zumindest auf dem kleinen Schildchen.*

*Ich warte. Unglücklicherweise fängt es an zu regnen. Nein, ich bin nicht aus Zucker; aber ein Bad kann ich schließlich auch zu Hause nehmen. Ich rolle mich in einen Hauseingang. Dort stehen schon allerlei wasserscheue Menschen. 'Hoffentlich habe ich eine schlaue Mutter!' denke ich, 'die mich hier findet!'*

*Ich habe eine schlaue Mutter. Nur ist ihr Geist diesmal etwas abwesend. Mit Taschen beladen kommt sie aus dem Geschäft, sieht ihre Tochter nicht und kombiniert: Der Vater ist vorbeigekommen, hat seine Tochter im Regen stehen sehen und schnellstens nach Hause geschoben. Wirklich umsichtig vom Vater! Und ohne nach links oder rechts zu sehen verschwindet die Mutter im Urlauberstrom. Der Regen hält auf, ich rolle zurück zu meiner Rentnerbank. Nanu, denke ich, wo bleibt nur die Mutter? –*

*Zu Hause angekommen, findet sie weder Mann noch Tochter vor. Das ist ein Schock. Sie eilt zum Fahrstuhl zurück, dem gerade ihr Mann entsteigt. 'Sag mal', fragt sie, 'wo ist denn Suse?'*

*'Aber das gibt's doch nicht! Wie kannst du nur deine Tochter verlieren!' brummt der Vater, – und ab geht es zu zweit auf Tochtersuche. Die ist schnell erfolgreich. Schon wenige Minuten später sind wir wieder freudig vereint. 'Aber wo warst du denn!' fragt meine Mutter. Also wirklich, so wird man seine behinderte Tochter los!' sage ich. 'Und was hättest du gemacht, wenn wir noch immer nicht gekommen wären?' fragt der Vater. 'Oh,' grinse ich, 'alleine nach Hause gerollt. Dünne Leute sind zäh!'*

*Aber, um ehrlich zu sein, ich bin froh, daß diese Kraftprobe nicht stattgefunden hat. Man muß sich im Urlaub ja nicht verausgaben!*

*Susanne Petersen, Quern*

Die Inhaletten treffen sich und klatschen. Der eine ist groß und der andere ist klein. Die finden sich schön bunt, jeder mag den anderen!

(Text Anna, 6 Jahre)

*Felix*

Es war einmal eine Inhalette. Und diese Inhalette ging und ging. Auf einmal traf sie ein Inhaliergerät. "Wie heißt Du?" fragte sie. "Ich heiße Nobbi! Und wie heißt Du?" "Ich heiße Nikol! Wollen wir zusammen weitergehen?" Und sie gingen weiter.

Felix

Plötzlich trafen sie einen Schlauch, der sagte: " Wie heißt Ihr?" "Das ist Robbie
und das ist Tüko" "Ich heiße Kali!"

(Text Diktat Felix, 6 Jahre)

Hallo 8                    15.03.85

Ich heiße Nilüfer Ay und bin
15 Jahre alt und, meine ganze
Familie sind ganz gesund außer
ich, ich habe Mucoviszidose seit der
Geburt an. Und nehme Medikamente
ein in der Sommerferien waren wir
in der Türkei da habe ich mich
Untersuchen lassen und die Ärzte haben,
mir Medikamente gegeben und ich
war auch viel viel besser geworden
mein Oma und Opa haben sehr gestaunt,
daß ich auf einmal gesund war
und viel zugenommen habe ich, dann
war natürlich Sommerferien schon
vorbei, dann habe ich 8 Monate ~~kene~~
lang keine Medikamente genommen.
weil mir auch sehr gut ging, dann
auf einmal hatte ich mich nicht so
wohl gefühlt, weil ich natürlich
mein Infekt gekriegt habe, dann
sollte ich natürlich ins Krankenhaus gehen. Die haben mir gesagt,
daß ich hier bleiben muß.
dann gings mir 2-3 Tage gut
ich war wieder so fiet, ~~Aber~~
ich muß ja mindestens 2 Wochen
im Krankenhaus bleiben, ~~der~~
jetzt geht es mir viel viel
besser ich bin auch so froh,
daß es mir so gut geht.

              Eure CF
              Patient Nilüfer Ay. ♡

                    Essen, der 15.03.95

Ich und meine Krankengymnastin Beate.

Lea Wilms

Inka Rooh geboren am: 17.3.79 habe seit der Geburt an Mukoviszidose. Ich wollte meine Meinung zum Sport äußern. Mit ca. 11 Jahren habe ich mit Laufen angefangen. Ich hatte einen Infekt und wurde ihn nicht mehr los. Mein Vater hat dann gesagt, daß ich laufen muß. Ich bin dann, mit schwerem Husten, gelaufen. Die längste Strecke, ohne zu halten, war ca. 100m. Beim Laufen habe ich eine Menge Schleim hochbekommen. Allerdings hat mir diese Sportart überhaupt nicht gefallen. Ich habe beim Laufen immer schlechte Laune verbreitet. In den Ferien war es am schlimmsten. Uns kam dann der Gedanke, daß ich in einen Verein gehe. Gesagt, getan. Meine Laufkameraden haben mich etwas komisch angeguckt, weil ich dünne Arme und Beine habe, aber dafür einen dicken Bauch. Aber alle wußten über meine Krankheit Bescheid und haben mich auch voll akzeptiert.

*Abb.: Fee Comesaña †*

Schon nach ein paar Wochen hatte ich den 1. Wettkampf. Eine 5 x 5 km Staffel. Wir haben den 2. Platz belegt und ich hatte die beste Einzelzeit. Im Laufe der Zeit haben sich meine Zeiten gebessert und es hat sich herausgestellt, daß ich auf langen Strecken (5 km) besser bin als auf kurzen (800 m). Meine längste Strecke im Wettkampf waren 10 km in ca. 44 min. Trainieren tue ich 3 mal in der Woche. Mit meinem Vater lauf ich ca. 2 mal in der Woche. Manchmal habe ich zwar auch schlechte Laune aber anderen geht es noch schlechter. Meine Besuche zur IV-Theraphie sind nicht oft. Ich hatte schon 2 Jahre Pause. Meine Klassenkameraden wissen alle von meiner Krankheit und verteidigen mich auch, wenn mal jemand über meinen Bauch lästert. Das kommt aber höchst selten vor, weil ich denjenigen dann immer gleich informiere. Ich weiß, daß ich noch Glück gehabt habe mit meiner Krankheit und das viele es schlechter haben. Ich möchte allen denjenigen, die es schlimmer getroffen hat, die allerbesten Wünsche und viel Gesundheit wünschen – versucht es auch mal mit Sport.

Mit freundlichen Grüßen

*Fee Comesaña* †

## Ballade über ein altes Erbstück meiner Großtante
### – meiner Mutter gewidmet –

Zum Kaffee als Madame geschwind
erschien ich, meiner Mutter Kind.
Und alle waren sehr erschreckt,
daß ich ein solch' Geschmack jetzt hätt'.

Erst gestern fand ich – welch ein Glück –
ein uralt-häßlich Blusenstück.
Hat meine Tante einst getragen
in ihren frohen Jugendtagen.

Doch weiter geht hier die Geschichte.
Ich fühlt' mich wohl im Rampenlichte.
Zum Kirchenchor ich silbrig gehe,
voll Spannung, was ich hör' und sehe.

Auf's Fest ist sie damit gegang',
sich einen hübschen Jüngling fang'.
Doch da ihr' Jugend längst vergangen,
muß sie heut' nicht um Schönheit bangen,

Kaum bin ich dort, wird schon gemunkelt,
die Stirn gekraust, Gesicht verdunkelt.
Da fragt man mich, ob's modisch sei
und ich versich'res frank und frei.

und gab die Bluse traurig weg,
an meine Schwester, nein wie nett!
Doch dieser ist das Tantenkleid
nach vielen Schenkung'n gar zu leid.

Schon sieht die Sache anders aus.
Hat man nicht so' was noch zu Haus'?
Vielleicht mag Tochter sich so kleiden?
Was Mode ist, mag jeder leiden!

Die "Plünn" komm' in ein' alten Sack
und sind für's Erste weggepackt.
Doch uns're Bluse ließ sie liegen,
versehentlich auf Treppens Stiegen.

Kommt hier das Alte hoch in Ehren,
wer kann's der Tochter gar verwehren?
Mit diesem silbrig-alten Glanz
geht Töchterlein wohl gern zum Tanz!

Da fand ich sie, oh große Wonne,
ich zog sie an und ward zur Tonne.
Das silbrig-gilbrig Blusenstück
weckt in mir das Verkleidungsglück.

Und ich hör' ihnen lächelnd zu,
so wie ich es gar gerne tu
und denk' mir meinen Teil wohl so:
Humor ist wichtig, macht mich froh!

Ein Gruß für Dich und einen Kuß von Suse

*Fee Comesaña †*

*Hoffnung heißt das Ding mit Federn*

## Hoffnung

*Leben ohne Krankheit*
*ohne Schmerzen*
*alles tun können*
*was mir Spaß macht*
*Zu leben als wär' ich*
*normal*
*wie alle anderen*
*Nicht ins Krankenhaus*
*müssen*
*alles ertragen können*
*Hoffnung auf ein*
*Medikament*
*das mir ein Leben*
*ohne Einschränkungen ermöglicht*
*Forschung –*
*das ist meine*
*Hoffnung*

*Svea Bergmann, 16 Jahre*

*Julia, 6 Jahre*

## Weihnachten – anders

Es fing damit an, daß ich im Krankenhaus auf Norderney vor mich hin kränkelte. Dabei sollten doch gesundheitliche Fortschritte angesagt sein! Das Weihnachtsfest nahte!

Aber bald zeigte es sich: ich würde Weihnachten auf der Insel verbringen müssen. Dieser Gedanke erhellte nicht das psychische Allgemeinbefinden. Aber Gott sei Dank habe ich eine große Familie. Da liefen inzwischen schon die Planungen gegen die Einsamkeit der Tochter: Besuch der Schwester ab 22. Dezember – sie hatte schon Schulferien – und am 26. Dezember Überfall der ganzen Familie. Unsere Familienweihnachten würden eben einmal anders sein, 500 km von Zuhause entfernt!

Zwei Tage vor Weihnachten kam Cornelia angereist, packte Tannenzweige, Strohsterne und unsere Flöten aus und verbreitete gleich etwas Weihnachtsstimmung im Krankenzimmer. Richtig schön.

Und dann gestand ich ihr auch noch einen 'Herzenswunsch': Einmal Gyros und Pommes frites. Nein, das entsprach natürlich nicht meinem Diätplan. Aber nach fünf Wochen Vollwertkost im Krankenhaus sehnte ich mich einfach nach etwas 'Vernünftigem'. So mampften wir fröhlich unser ungesundes Essen und waren hinterher satt und zufrieden. Die Schwestern sagten freundlicher Weise nichts zu diesem Festgelage. Manchmal sind Krankenschwestern erstaunlich nachsichtig!

Der 24. Dezember nahte – es war nicht mein Glückstag. Eigentlich wollte ich nur schlafen, selbst während des Fernsehgottesdienstes. Das beunruhigte meine Schwester zusehends. Bei Pastorenkindern ist der Gottesdienstschlaf normalerweise nicht üblich.

Eigentlich hatte ich mich auf das Auspacken der Geschenke schon gefreut. Aber die Kraft war dazu einfach nicht mehr da. So übernahm meine Schwester diese Arbeit. Aus meinem Munde quälten sich nur ein paar bewundernde Laute wie 'oh' und 'wie schön'. Auf meinem Bett häuften sich die Geschenke – ein richtiger weihnachtlicher Gabentisch. Wieviele Menschen doch an mich gedacht hatten! Aber so rechte Freude kam trotzdem nicht auf. Mir ging's 'recht dreckig'. Nach Luft japsend saß ich im Bett. Nach kurzer Zeit verwandelte sich das Zimmer zum Treffpunkt der Ärzte, die man am Heiligabend noch auftreiben konnte. Der Zeitpunkt für derartige Krisen war wirklich schlecht gewählt! Zum ersten Mal in ihrem Leben durfte meine Schwester ein Krankenhausbett ausprobieren – es ist eben besser, in solchen Situationen einen Menschen neben sich zu haben. Allerdings kam sie kaum zum Schlafen. Ich auch nicht. Als die endlos lang erscheinende Nacht schließlich vorüber war, saß ich immer noch da, japsend nach Luft, grau im Gesicht. Grund genug für die Ärzte, Alarm auszulösen.

*Der Weihnachtsgottesdienst in Quern war gerade beendet, da erreichte meine Eltern der Telefonanruf. Die Kochtöpfe blieben auf dem Kochherd und das Hähnchen im Ofen. Nur Sabine war geistesgegenwärtig genug, schnell den Strom auszustellen. Auf ging's nach Norderney. Die Fahrweise meines Vaters, so wurde berichtet, soll etwas rasant gewesen sein. Doch alle Schnelligkeit endete in Norden. Die nächste Fähre nach Norderney fuhr erst in einer Stunde. Da war guter Rat teuer. Sollte man sich im Krankenhaus nach der Lage erkundigen? Keiner hatte so recht Mut dazu. Bestand doch die Möglichkeit einer gewissen negativen Auskunft … Schließlich hat's der Vater getan.*

*Und was trieb ich zu der Zeit? Mir ging es plötzlich von Stunde zu Stunde besser. Ärzte und Schwestern standen vor einem Rätsel. Als die Familie eintrudelte, war ich wieder ganz 'lebendig', wenn auch ziemlich geschafft. Das Schönste aber war, daß wir alle zusammen waren. Mein Zimmer platzte fast aus den Nähten. – Noch nie war ich an einem Weihnachtsfest so glücklich!*

*Susanne Petersen, Quern*

## Nur ein Gedanke

*Wenn jeder*
*im Dunkel*
*der Menschlichkeit*
*ein kleines Licht*
*entzündete,*
*dann wäre die Welt*
*bald ein Lichtermeer*
*und Leben*
*viel leichter.*

*Susanne Petersen †*
*aus*
*'Herbstseiten' 1992*

105

## Positiv denken

*Hallo, ich bin Kristin und wohne seit 1991 in Berlin. Seit einem Jahr bin ich sehr glücklich verheiratet. Aufgewachsen bin ich in der ehemaligen DDR. Damals war Dr. Gottschalk in Dresden mein behandelnder Arzt. Bis zu meinem 12. Lebensjahr, was ich nur schätzen kann, war ich bei ihm sehr gut aufgehoben.*

*Meine Mutti versuchte, alle schlimmen und angstmachenden Befunde und Prognosen von mir fernzuhalten. Deshalb verstand ich damals auch nicht, welche Folgen die Ausreise meines Arztes aus der DDR für mich und meine Mutter hatte. Meine Mutter hat sich sicherlich um mich und meine Zukunft viele Sorgen gemacht, weil wir einen sehr erfahrenen und kompetenten Arzt verloren hatten. Jetzt, nach der Wiedervereinigung, konnte ich selbst feststellen, daß es in den alten Bundesländern vielfältigere Behandlungsmethoden und vor allem psychologische Unterstützung in Form von Selbsthilfegruppen gibt. Bevor ich nach Berlin kam, dachte ich, ich sei die Einzige mit CF in der DDR. Aus der heutigen Sicht verstehe ich die damalige Entscheidung meines Arztes, die DDR zu verlassen.*

*Für meine Mutti und meine Schwester gab es sicher viele Ängste und schlaflose Nächte. Dies ließen sie sich aber nie anmerken, wofür ich ihnen dankbar bin. Nichts ist wichtiger für heranwachsende Kinder mit CF als ein Leben so normal wie nur möglich zu erleben. Ich finde es wichtig, über meine Krankheit aufgeklärt zu werden, aber ich will nicht täglich daran erinnert werden.*

*Nach meiner Berufsausbildung als Ergotherapeutin bin ich nach Berlin gezogen, um ein selbständiges Leben aufzubauen. Hier werde ich seit April 91 in der Berliner CF-Ambulanz von Prof. Wahn im Krankenhaus Zehlendorf betreut. Als ich von meinem Elternhaus weggezogen bin, war ich stolz, allein und selbständig leben zu können. Leider stellte ich sehr schnell fest, daß ich Probleme bekam, mein Körpergewicht zu halten. Innerhalb von 2 Jahren nahm ich 5 kg ab. Aber vor einem halben Jahr kam die Erlösung. Ich ließ mir eine PEG-Sonde legen und nahm damit 12 kg zu. Mein Ziel für die Zukunft habe ich mir jetzt gestellt: von der PEG-Sonde wieder wegzukommen. So, wie ich vom Zunehmen überzeugt bin, werde ich es später auch allein wieder schaffen, mein Gewicht zu halten. Mit 52 kg habe ich Ausdauer und Kraft wie nie zuvor.*

*Am besten geht es mir, seit ich meinen jetzigen Ehemann kennengelernt habe. Er ist für mich die wichtigste Stütze, vor allem, wenn ich einmal traurig bin, weil ich CF habe. Wenn ich tiefgreifendere Probleme zu verarbeiten habe, gehe ich damit zu meiner Psychologin in der CF-Ambulanz. Sie hat mir schon sehr viel geholfen. Vor allem hat sie mich das lebenswichtige Selbstbewußtsein gelehrt, welches ich für ein erfolgreiches Berufsleben brauche.*

*Ich lese gerne Bücher über das "positive Denken" und andere psychologische Literatur. Wir (mein Mann und ich), sind der festen Meinung, daß ich geheilt werden kann. Ich wünsche mir, daß diejenigen, denen die finanziellen Mittel für die Erforschung einer Heilungsmethode bei an CF erkrankten Menschen zur Verfügung stehen, sich auch wirklich mit ganzem Herzen dafür einsetzen werden.*

*Kristin, 23 Jahre, Berlin, den 29. 3. 95*

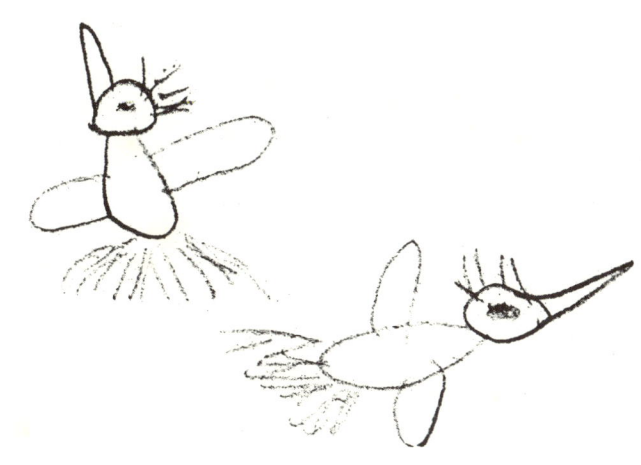

Hoffnung ist das Ding mit Federn,
daß im Herzen sitzt und tröstet.

Susann

*Susanne Berg,*
*mit 9 Jahren*

*Fee Comesaña †*
*Susanne Berg*
*Rachel Brown*

## Glück und Hoffnung

Glück, fragt Ihr euch, was ist das?
Etwas Besonderes?
Nein, zu leben ist Glück!
Hoffnung, fragt Ihr euch, was ist das?
Etwas Besonderes? Ja!
Hoffnung ist Glück und Leben zusammen!
Wenn ich positiv hoffe,
habe ich auch das Glück im (zum) Leben.
Auch wenn ich schon morgen tot sein könnte,
ich glaube an das Leben.
Martin Luther sagte schon: „Auch wenn morgen
die Welt untergehen würde, ich pflanzte heute
noch einen Baum!"

Heike Dobsloff, Werber/Havel

Oliver Karl †

*. . . sehnt sich nach Glück*

(Himbere) + (Erdbere) Bide!

# Träume

*Träume die gehen*
*und in meinem Herzen*
*doch immer bestehen*
*die ich erhoffe*
*mir zur Wirklichkeit*
*Aus Träumen werden Wünsche*
*und aus Wünschen Träume*
*Nur ein Unterschied*
*Den Wunsch kann man kriegen*
*den Traum so leicht nicht*
*den träumt man*
*nachts als auch tags*
*Dann fliegt er fort*
*auch wenn man ihn mag*
*doch kommt er wieder*
*wenn du es willst*
*sooft du willst*
*denn er ist von dir*

*11. 04. 1984, Felix Dengg †*

# Der Traum

Mandola ist ein kleines Stoffkänguruh, daß
Dany von seiner Oma geschenkt bekommen
hatte. Als Dany im Bett lag und der
Vollmond genau auf die Augen von Mandola
schien. Sie funkelten geheimnisvoll. Da
wünschte sich Dany, das Mandola größer
wird und sprechen kann. Plötzlich war es
unheimlich still in Danys Zimmer, er
konnte sehen wie Mandola größer und größer
wurde. So groß, daß Dany in den Beutel paßte.
Mandola fing zu sprechen an: "Was ist Dany
möchtest du nicht in mein Beutel schlüpfen
und ein anderes Land sehen?", "Doch, doch
stotterte Dany: "Aber wohin soll die Reise
überhaupt gehen?" "In den Zauberwald meinte
Mandola. Dany stieg in Mandolas Beutel.
Mandola machte das Fenster auf, sprang in
die Luft und als sie wieder aufsetzte waren sie

im Zauberwald. Überall blühten herrliche Blumen. Dicke Pilze standen dazwischen. Elfen die auf ihren Köpfen Blumenkränze trugen, Zwerge, Riesen Zauberer, Hexen und Drachen alle versammelten sich auf einer großen Wiese, um für uns ein Fest zugeben. Die Hexen wirbelten ihre Besen durch die Luft und fingen sie wieder auf, dabei tanzten sie um das Feuer. Eine Hexe kam zu Dany und fragte: „Willst du mal auf meinem Hexenbesen reiten?" Gerade als Dany auf den Besen steigen wollte rüttelte ihn jemand und sagte: „Aufwachen es ist Zeit aufzustehen. Beim Frühstück dann erzählte Dany von seinem wundervollen Traum. Seine Eltern lachten als sie Danys Geschichte hörten. Ende

Geschrieben
von

Melanie

Kruger

*Oliver Kerner*

# Das Märchen von den drei Zauberrosen

*Es war einmal ein Bauer und er hatte auch eine wunderschöne Tochter, und sie war sehr fleißig und schön. Eines Tages war der Vater krank und die Tochter hat viel für ihn gesorgt. Und der Vater sagt: Ich muß dir was gestehen, aber Du mußt mir versprechen, daß Du keinem etwas sagst." Und sie sagte: "Ich verspreche hoch und heilig, das ich keinem etwas sage." Der Vater sagte: "Es waren vor langer Zeit drei wunderschöne rote Rosen, aber die sind von einer Zauberin bewacht. Die Rosen können Wünsche erfüllen. Wenn man die Rosen findet und in die Hand nimmt, gehen drei Wünsche in Erfüllung." Das Mädchen fragte: "Wo kann ich diese Rosen finden?" Der Vater sagte: "Hinter dem dunklen Wald." Und sie sagte: "Ich gehe und hole diese drei Rosen, damit Du gesund wirst, und damit wir reich werden und die ganzen Schulden loswerden." Der Vater sagte: "Sei vorsichtig, meine Tochter, paß gut auf dich auf." Das Mädchen verabschiedete sich von seinem Vater und sagte: "Ich komme, sobald ich kann." Und sie geht weg in den tiefen Wald. Sie geht viele Tage und Nächte und dann kommt sie an ein wunderschönes Schloß und sieht im Garten die drei roten Rosen. Als sie sie pflücken wollte, kam die Zauberin und sagte: "Was machst du in meinem Garten?" Und das Mädchen hat sich erschrocken und hat gesagt. "Mein Vater ist krank und wird nur gesund, wenn ich die drei Rosen pflücke." Und sie fing an zu weinen, weil sie Angst hatte. Die Zauberin sagte: "Gut, Du mußt mir was tun." Für 3 Jahre, 3 Monate, 3 Wochen und 3 Tage mußt Du für mich arbeiten und sorgen. Dann kriegst Du zur Belohnung diese drei Rosen. Du mußt mir aber versprechen, daß Du keinem etwas sagst. Du darfst mit keinem sprechen außer mit mir und mit Dir selbst."*

*Das Mädchen war froh, daß sie die Rosen bekommen konnte, dafür wollte sie auch 3 Jahre, 3 Monate, 3 Wochen und 3 Tage arbeiten.*

*Tagsüber ging die Zauberin immer weg, weil sie ihre Wälder überwachen mußte. Das Mädchen arbeitete fleißig, sie war auch froh, daß die Zauberin nett war wie eine Mutter. Sie hatten so viel Kontakt zusammen: sie haben geredet, gelacht und die Zauberin hat gesagt: "Ich habe schon so lange nicht mehr so schön gelacht wie jetzt mit Dir." Eines Morgens hat das Mädchen angefangen zu singen, und da stand auf einmal ein schöner Prinz vor ihr und sah sie an. Das Mädchen hat sich erschrocken und ist sofort weggerannt, weil sie ja mit keinem reden durfte. Und der Prinz hat gesagt: "Warte, lauf doch nicht weg, ich tu Dir doch nichts." Dann kam die Zauberin und hat gesagt: "Junger Prinz, was suchst Du hier?" Und er hat gesagt: "Ich hab ein wunderschönes Mädchen gesehen, daß so schön singt." Und die Zauberin hat gesagt: "Hier gibt es kein Mädchen, das singt, das sind nur die Blumen in meinem Garten. Und geh schnell hier weg. Ich will dich nie wieder hier sehen. Du kannst das Mädchen woanders suchen, hier gibt es sie nicht. Vielleicht, findest du die in den Dörfern."*

Für Frau Herzog

Sarina

Der Prinz antwortet: "Das Schicksal ist mir hier begegnet, ich will das Mädchen suchen und finden, daß sie meine Gemahlin wird. Dankeschön, gute nette Zauberin." Er geht weg. Und das Mädchen kommt aus seinem Versteck heraus und bedankt sich bei der Zauberin, und es sagte: Ich habe gearbeitet und, weil mir so langweilig war, habe ich gesungen. Aber ich habe kein Wort geredet." Und die Zauberin sagte: "Ich bin nicht böse auf Dich, das kann schon mal vorkommen." Es sind 3 Jahre, 3 Monate, 3 Wochen und 3 Tage vorübergegangen und die Zauberin sagte: "Es ist Zeit, daß Du zurück nach Hause gehst. Du hast dir viel Mühe gemacht, wir haben die Zeit gut verbracht. Daher kriegst Du zur Belohnung die drei roten Rosen." Dann flüsterte sie ihr ins Ohr, wie die Wünsche in Erfüllung gehen.

Das Mädchen hat gesagt: Ich bedanke mich für alles, daß Du nett und lieb warst, und ich bedanke mich auch für die drei wunderschönen roten Rosen." Dann verabschiedeten sie sich und die Zauberin sagte: "Komm bald wieder." Und das Mädchen sagte: "Ja, ich komme bald wieder, wenn die drei Wünsche in Erfüllung gegangen sind und wenn aus den drei Rosen Blüten und Rosenstöcke gewachsen sind."

Das Mädchen rannte sofort nach Hause zu seinem Vater. "Vater, Vater, guck mal, was ich Dir mitgebracht habe." Der Vater wußte nicht was, stand sofort auf und sagte: "Meine arme Tochter, ist Dir was passiert?" Das Mädchen sagte: "Nein, mir geht's gut und ich habe Dir drei Rosen mitgebracht." Der Vater hat sich gefreut, daß sein Kind wieder zu Hause war und das Mädchen hat angefangen zu wünschen: "Ich wünsche mir, daß mein Vater wieder gesund wird." Und der Wunsch wurde sofort erfüllt. Dann hat die Tochter gesagt: "Vater, sollen wir die Schulden weg haben?" Und der Vater überlegte und sagte: "Nein, ich weiß noch nicht so genau." Zwei Tage später kam ein Mann und sagte. "Jetzt verkaufe ich dein Haus, weil Du Deine ganzen Schulden nicht bezahlt hast." Das Mädchen sagte: "Nein, wir bezahlen die ganzen Schulden. "Und der Mann lachte: "Wie wollt ihr die ganzen Schulden bezahlen?" Und sie ging raus, nahm die zweite Rose und sagte "Ich wünsche mir, daß hier Goldstücke herabfallen." Der Wunsch ging sofort in Erfüllung. Das Mädchen nahm das Gold, ging zu dem Mann und sagte: "Hier nimm das Gold und verschwinde. Komm nie wieder hierher."

Die dritte Rose stand in ihrem Zimmer und sie sah die Rose an und fing an zu singen. Der Prinz war in seinem Schloß und war ganz traurig, daß er die Stimmen des Mädchen nicht finden konnte. Er beschloß mit seinem Pferd durch das Land zu reiten, und als er in einem Dorf war, da hörte er auf einmal die Stimme des Mädchen und er dachte: "Ach, das ist wieder eine Halluzination, ich werde sie doch nie finden." Das Mädchen stand am Fenster und er hörte sie singen. Da sagte er: "Das war doch keine Phantasie." Als das Mädchen mit dem Singen aufgehört hat, hat der Prinz geklatscht und gesagt: "Du hast eine wunderschöne Stimme. Ich habe Dich überall gesucht und habe Dich bis jetzt nicht gefunden." Das Mädchen sagte: "Danke schön." Und der Prinz fragte: "Willst Du meine Gemahlin werden?"

Jaqueline Vennedey

Das Mädchen antwortete: "Ja, ich will." Da umarmten sie sich, küßten sich und waren glücklich. Das Mädchen erzählte die ganze Geschichte, wie es war und sie feierten ein großes Fest und sie haben die Zauberin dazu eingeladen. Da war eine Rose noch übrig, und sie wünschte, daß diese Rose ihnen Glück und Frieden bringt für ein langes Leben. Wenn sie nicht gestorben sind, dann leben sie noch heute.

Mit freundlichen Grüßen
CF Pat.

Nilüfer Ay

117

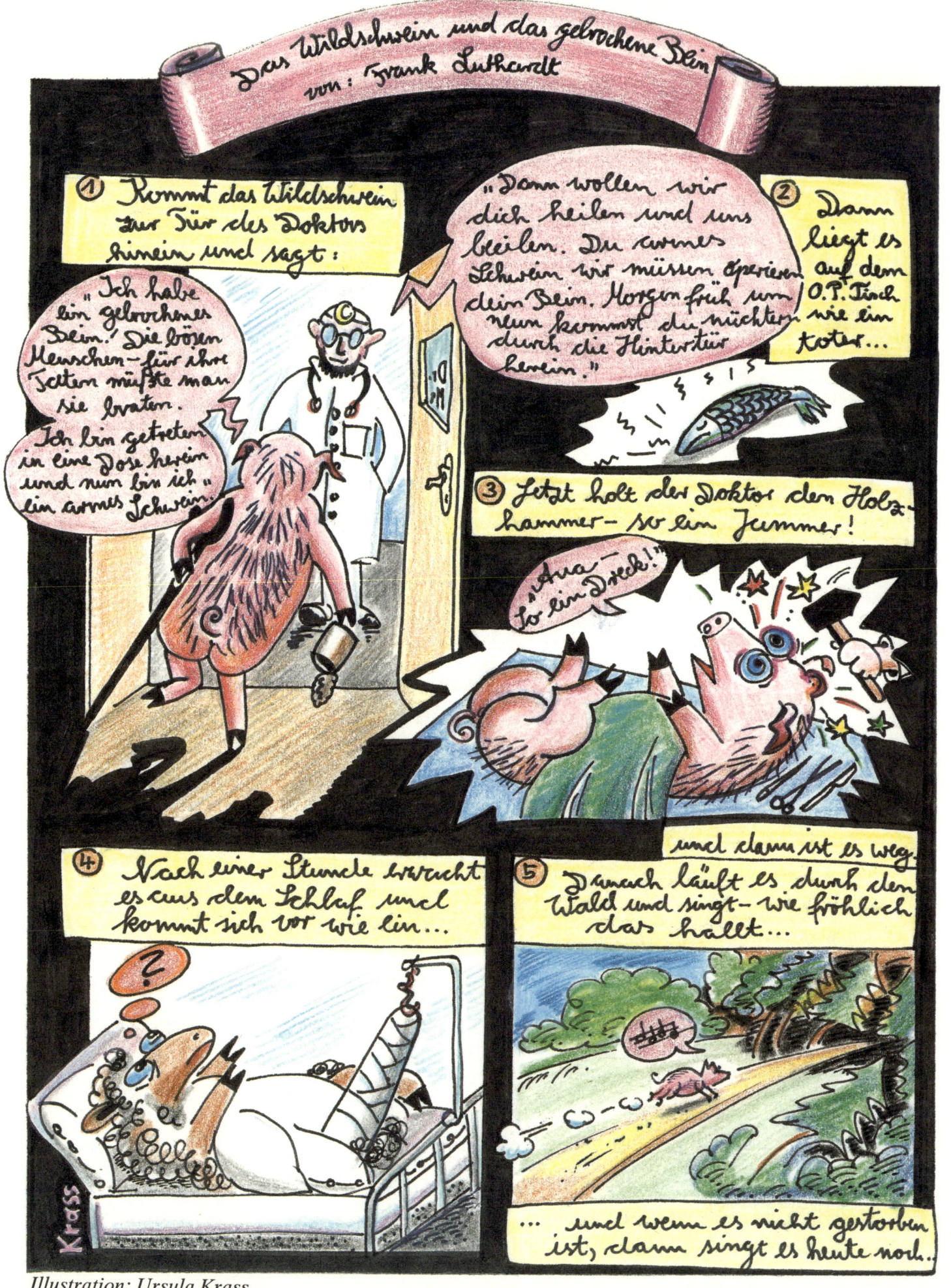

*Illustration: Ursula Krass*

## Das Wildschwein und das gebrochene Bein

Kommt das Wildschwein zur Tür des Doktors hinein
und sagt: „Ich habe ein gebrochenes Bein! Die bösen
Menschen-für ihre Taten müßte man sie braten.
Ich bin getreten in eine Dose hinein und nun bin
ich ein armes Schwein!" „Dann wollen wir dich heilen
und uns beeilen". Dann spricht der Doktor: „Du
armes Schwein wir müssen operiren dein Bein.
Morgen früh um neun kommst du nüchtern durch
die Hintertür herein." Dann liegt es auf dem O.P. Tisch
wie ein toter Fisch. Jetzt holt der Doktor den
Holzhammer so ein Jammer! „Aua" ruft das Schwein
und schreit: „So ein Dreck!" Und dann ist es weg.
Nach einer Stunde erwacht es aus dem Schlaf und
kommt sich vor wie ein Schaf. Danach läuft es
durch den Wald und singt wie fröhlich das hallt.
Und wenn es nicht gestorben ist, dann singt
es heute noch.

Dichter : Frank Suthaviel

*Mike Surmac*

## Eine unglaubliche Reise

*Die Reise begann an einem Freitag dem 13ten. Eine unglaubliche Reise! Ich saß in diesem Flieger, der mich in eine unbekannte, noch nie gesehene Welt brachte und sah aus dem Fenster. Ich bildete mir ein, daß sich aus den Wolken mir einige gute alte Bekannte formten. Ich sah plötzlich Mickey, Goofy und Donald, die mir zuwinkten. Mich überkam auf einmal dieses drängende Gefühl, unbedingt zu ihnen zu müssen. Und schon spürte ich, wie alles um mich herum leicht und schwerelos wurde. Etwas zog mich aus meiner realen Welt in die von Mickey, Goofy und Donald.*

120

Ich saß nicht länger in diesem Flugzeug, sondern befand mich auf der Hauptstraße des Magic Kingdom - der Main Street. Ich landete in einem riesengroßen Fest. Überall um mich herum Jubel, Musik, bunte Farben und lachende Gesichter. Von einem Moment auf den nächsten erfaßte eine Hand meine Schulter, und eine lustige Stimme lud mich zum Frühstück ein. Es war Mickey.

Eineinhalb tolle Stunden später war dieses Frühstück mit Mickey und all seinen Freunden beendet. Danach luden mich Luke Skywalker und die Ewoks zu einem phantastischen Flug in ihrem gigantischen Raumgleiter ein. Wir legten ein wahrlich schwindelerregendes Tempo hin. Ich durfte sogar den „Rasenden Falken" steuern. Die Ereignisse überschlugen sich regelrecht an diesem Morgen. Man bekam gar nicht mit, wie die Zeit verging, denn ehe ich mich versah, befand ich mich auch schon in einem wunderschönen Schloß – in dem des unheimlichen Biests. Ich irrte eine ganze Weile durch die nicht gerade hellen Gänge, bis ein großer Schatten auf mich zukam. Es war das Biest. Ich mochte meinen Ohren nicht trauen. Es lud mich zum Mittagessen ein. Nachdem wir uns ein wenig unterhalten hatten, kam die schöne Belle hinzu, und wir drei speisten gemeinsam.

Leider war auch dieses traumhafte Ereignis nach ein paar Stunden vorbei, und ich verabschiedete mich von den beiden.

Im nächsten Augenblick stand ich vor dem Schloß in der wärmenden Sonne. Sie war sehr gut als ein heller Ball am Horizont auszumachen. Aber was war das? Ich hörte plötzlich ein summendes Geräusch aus Richtung Sonne auf mich zukommen, sah aber doch nichts, bis ein paar Sekunden später ein bügeleisenartiges Raumschiff direkt vor meinen Füßen landete.

Ein mysteriöser Typ stieg aus und stellte sich mir als Captain Eo vor. Ich stelle mich ebenfalls mit meinem Namen, nämlich Mike, vor. Er bat mich, ihm in sein Raumschiff zu folgen, und während ich das tat, schwirrte immer ein kleines Bärchen mit schmetterlingshaften Flügeln um mich herum.

Jetzt hob das Raumschiff ab. Der Captain schaltete den Autopiloten ein, und wir fanden ein bißchen Zeit, uns zu unterhalten. Ich erzählte ihm, was ich an diesem Tag schon alles erlebt hatte. Da verging natürlich schon einige Zeit. Klar, daß der Hunger sich da wieder meldete. Kaum hatte ich ans Essen gedacht, wurde auch schon das größte intergalaktische Mahl aufgetischt, von einem waschechten, gezähmten Raumpiraten.

Nach dem Essen flogen wir noch ein paar Schleifen über diesen wunderbaren Park, in dem ich so viele schöne Sachen gesehen und erlebt habe, und dann ging es leider ab nach Hause. Ich wachte wieder im Flugzeug auf, das mich über den großen Teich gebracht hatte, allerdings mit einem Lächeln auf dem Gesicht und dem Gedanken, daß das ja nicht das letzte Mal gewesen sein muß, diesen wunderbaren Ort besucht zu haben.

Mike Surmac

Jörg Wyrwa †

## Die Kunst der Liebe

*Du nimmst den Pinsel der Liebe*
*und malst die Leinwand der Freundschaft an.*
*Losgelöst von jeder Vernunft,*
*überläßt Du es Deinen Gefühlen*
*die wenigen, eintönigen, kalten Flächen*
*zu gestalten.*
*Der Anfang Deiner Arbeit ist leicht,*
*der Pinsel gleitet über die Leinwand,*
*schnell wird sie bunt,*
*in allen möglichen Farben –*
*kräftigen, ausdrucksstarken*
*und faszinierenden Farben.*
*Rot als Farbe der Liebe,*
*grün als Farbe der Hoffnung,*
*gelb als Farbe der Wärme,*
*blau als Farbe der Frische.*
*Und schwarz…*
*Du möchtest das, soviel erzählende Gemälde*
*aus seinen Rahmen reißen,*
*es vernichten – neu anfangen.*
*Doch der Pinsel der Liebe malt weiter,*
*drum herum und über die schwarzen Stellen.*
*Die Kunst der Liebe ist,*
*niemals den Pinsel aus der Hand zu legen!*

*M. Orthwein, Köln*

Lea Wilms. 13.6.'95

## Liebe ist ein Traum

Ich träumte heut nacht einen Traum
der Traum der war süß
der Traum, der gefiel mir so gut
ich schrieb ihn auf
er ging in mich über
in Fleisch und Blut
Sooft ich ihn las
umso wärmer wurde mein Herz
er war so schön
Ich wollte ihn nochmal träumen
und suchte ihn in jedem Traum
doch ich habe ihn nie mehr gesehen.
Ich zeige ihn dir, weil ich dich mag
und veröffentliche dir damit
meine Zuneigung zu dir
sie ist groß
so groß wie mein Traum
in dem die Fantasie grenzenlos weit
Du sagst ja
du findest ihn schön
du kannst meine Liebe zu ihm verstehen
so liebst du auch mich
und du gestehst es mir ein
hier an diesem Ort
bei diesem Traum
werden wir vereint
Vereint in Gedanken
vereint im Gefühl
Ich liebe dich und den Traum
nichts anderes ist mir mehr wert
Nimm die eine Hälfte meines Herzens
und den Traum
dann ist es eins
Und gibt mir die andre Hälfte deines Herzens
dann hab ich eins
dann sind wir zwei eins.
Wir lieben uns
das haben wir uns gestanden

Liebe ist auch Traum
drum träumen wir
und ich habe ihn gefunden
den Traum
er ist fast so süß wie meiner
wie unserer
denn der Traum
bei dem wir uns schworen die Liebe
er ist unser
und kein anderer
Sieh hinaus in den Mondschein
dort wo die Sterne blühen
dort ist unser Traum
dort ist unsere Liebe
und dort sind auch wir
mit Gedanken bei den Sternen
Die Nacht ist kühl
und doch so schön
Ich wünschte,
diese Nacht würde nie vergehen
sie müßte länger sein
viel viel länger sein
Du meinst, auch die Tage wären schön?
Du hast recht
laß uns jetzt schlafen gehen.
Amor wird wachen über uns
und auch Gott
und auch unser Traum
den wir so lieben
und der auch uns liebt
wird mit uns über alle Schwierigkeiten des Lebens siegen.

Felix Dengg †

*Eine wunderbare Kraft*

EBERHARD-KARLS-UNIVERSITÄT TÜBINGEN
**– KINDERKLINIK –**
DER GESCHÄFTSFÜHRENDE DIREKTOR

## Erfahrungen

Das war geschafft! Ich hatte meine Ausbildungsstelle zur Steuerinspektorin beim Finanzamt sicher. Nun hieß es, eine Unterkunft für die langen Monate auf der Fachhochschule finden. Dazu fuhren meine Mutter und ich in den 200 km entfernten Ort der Fachhochschule und holten ein Verzeichnis, in dem alle Vermieter aufgelistet waren. Schon bald stellte sich heraus, daß viele Vermieter gleich mehrere Anwärter aufnahmen. Das war etwas, was ich keinesfalls wollte. Man sah mir meine Krankheit nicht an, also sollte mich niemand schwer husten oder gar inhalieren hören. Es war eine ellenlange Suche, bis ich mit einer alten Dame telefonierte, die nur ein Zimmer vermietete. Wir konnten gleich zur Besichtigung vorbeikommen.

Ich dachte, ich falle um, als ich den alten feuchten Heuboden sah, der zu einem Wohnraum mit Waschgelegenheit im Vorraum umgebaut war. Es gab sogar eine Toilette! Selbst in der Sommerhitze war dieser Heuboden kalt. Meine Mutter meinte, daß dies doch ein Vorteil wäre, denn wer habe um diese Jahreszeit schon eine kühle Bleibe.

Glücklicherweise habe ich mir damals noch keine Gedanken über Schimmelpilze und ähnliches durch Feuchtigkeit gemacht, sonst wäre dieses Domizil sofort tabu gewesen.

Wunderbar, Hauptsache ich wohnte alleine und hatte ein eigenes Klo. Duschen konnte ich in der Fachhochschule oder konnte es auch bleiben lassen, weil die Schule immerhin ein Stück entfernt lag.

Anfang August bezog ich also mein erstes eigenes Zuhause, wenn auch nur für die nächsten vier Monate, denn im November begann der praktische Teil der Ausbildung beim heimatlichen Finanzamt.

Ich richtete mir die Bruchbude so gemütlich wie möglich ein, installierte mein Inhaliergerät im Nachttischschrank und verlegte das Kabel so, daß kaum auffiel, daß ich die kleine Tür wegen dem Elektrogerät nicht schließen konnte. Medikamente, Inhaletten und alles, was auf Krankenschein hindeutete, verfrachtete ich hinter einen Vorhang, wo niemand hinsah.

So, nun konnte Dolche Vita beginnen.

Meine Therapie hielt ich eisern ein! Das bedeutete, daß ich vor allem morgens vor der Schule inhalieren mußte. Also um 5.30 Uhr raus aus der Kiste! Aber leichter gesagt als getan!

Bei den nun folgenden nächtlichen Ausschweifungen mußte ich immer wieder rechtzeitig zurücksein, um noch Zeit zum Inhalieren zu haben. Und wenn ich nicht meine 3 Stunden Schlaf nachts hatte, war es so gut wie sicher, daß ich im Unterricht einschlafen würde. Ein schwacher Trost war, daß es den anderen nicht besser ging, außer daß die 45 Minuten länger schlafen konnten.

ina Lanz     3 Jahre

Seit meiner Abiturzeit im vergangenen Halbjahr war mein Husten durch die verschleppte Lungenentzündung tagsüber trotz intensiver Therapie stärker geworden. Deshalb fiel ich meiner Umgebung vermehrt durch Husten auf und wurde auch darauf angesprochen. Da ich noch nie auf den Mund gefallen war und noch nie um eine Ausrede verlegen, hatte ich immer einen passenden Spruch auf den Lippen, wie etwa: "Der Hund meiner Oma hatte das auch mal, vier Wochen später war er tot. Was ein Glück, daß ich kein Hund bin." Bloß keine Schwäche preisgeben!

Diese insgesamt 3 Jahre auf der Fachhochschule sind die wunderbarsten meines bisherigen Lebens gewesen. Ich feierte viel, vernachlässigte Schule und Gesundheit nur so viel, wie ich gut verkraften konnte. Meine Mutter merkte an den Wochenenden zu Hause jedoch, daß ich die Woche über wieder alles gegeben hatte. Und daß das nicht auf die Schule zurückzuführen war, war schnell klar. Ich muß jedoch feststellen, daß ich erstens in dieser Zeit erwachsen wurde, weil ich nur durch Alleinsein und Leben nach meinen eigenen Regeln die Grenzen kennenlernte und zweitens nur deshalb mit 23 Jahren heiraten konnte, weil ich, so wie ich meine, mein Leben genossen habe und nach wie vor nicht das Gefühl habe, etwas verpaßt zu haben.

Simone Betzing

Susanne Petersen

## "Stark sein!"

Mit einer Krankheit geboren und mit ihr
sterben, den Mut nicht verlieren.
Die schöne Zeit,
die uns bleibt, genießen,
für unsere Krankheit bereitstehen,
und kämpfen, was das Zeug hält.
Alles tun,
damit wir gesundheitlich und
seelisch konstant bleiben,
und das jeden Tag!
Unser Leben durch Therapien verlängern,
einfach alles durchstehen.
Vor alldingen "Stark sein",
wenn wir beste Freunde durch diese
Krankheit verlieren, die an der selben
Krankheit sterben.
Wir dürfen uns deshalb <u>nicht</u> aufgeben,
müssen weiterkämpfen,
fällt es uns auch noch so schwer!
Die verstorbenen Freunde und Bekannte
bleiben uns seelisch, in unserem eigenen
Innern, erhalten.
Sie existieren nur körperlich nicht mehr.
Eines Tages treffen wir uns alle wieder,
bis dahin sollten wir, trotz allem,
unser Leben, unseren Mut, und unsere
Hoffnung niemals aufgeben
und ... " Stark bleiben !!!"

Silvia Witte

## Meine Gedanken

*Wenn ich alleine bin, sage ich:*
*Du bist nicht allein.*
*Wenn ich schwach bin, sage ich:*
*Du bist stark.*
*Wenn ich Angst habe, sage ich:*
*Du hast Mut.*
*Wenn mich alle verlassen, sage ich:*
*Du hast immer noch Dich.*
*Wenn mich nichts mehr hält,*
*so halte ich mich.*
*Wenn ich krank bin, sage ich:*
*Mir geht's doch gut.*
*Wenn ich traurig bin, sage ich:*
*Es kommt wieder Frohsinn*
*in mein Leben.*

*Ina Stoyiannidis, Torgau*

*Fee Comesaña †*

133

# Susanne Petersen – Ein Leben mit Mukoviszidose

Vergeblich versuchte die Sonne, ihre Strahlen durch die vorüberziehenden Wolken zur Erde zu senden. Für kurze Zeit erhellten sich dann die gelb gefärbten Kornfelder, erglänzte in der Ferne das Wasser der Ostsee. Ein Spiegelbild des jungen Lebens, das an diesem 11. August 1960 geboren werden sollte, gleichnishaft.

"Wie soll sie nun heißen", fragte der Vater, der das Auto zur Klinik lenkte. Susanne – Maria Susanne! Die Eltern schienen überzeugt zu sein, daß ihr drittes Kind ein Mädchen sein würde. Als das junge Leben nach einigen Stunden die Welt erblickte, ahnte keiner, daß es eine Welt sein würde, in der dunkle Wolken ihr zartes Leben überschatten sollten.

"Es ist ein köstlich Ding, dem Herren danken" hieß das Wort, das der Großvater seinem Enkelkind bei der Taufe mitgab. Aber galt dieser Satz auch für ein Menschenleben, das den tödlichen Keim der Mukoviszidose in sich trug? Galt er für ein Leben, in dem je länger, je mehr das Atemholen zur Qual werden und der unausweichliche Atemtod täglich vor Augen stehen sollte?

Noch ahnten die Eltern und die heranwachsende Susanne nichts von ihrem Schicksal, das ihren Weg äußerlich und innerlich bestimmen sollte. Wer kannte damals schon diese schleichende Erbkrankheit, die wie ein Tier den Menschen würgt, um ihn dann für kurze Zeit wieder freizugeben?

Unbeschwert verbrachte Susanne zusammen mit ihren zwei älteren Schwestern die ersten Lebensjahre in dem verträumten, fast 200 Jahre alten, strohgedeckten Pfarrhaus in Angeln und seinem idyllischen Garten. Aber die Anzeichen der Krankheit machten sich schon in den ersten Jahren durch immer häufigere Bronchial- und Organstörungen bemerkbar. Einer jungen Ärztin ist es zu verdanken, daß die Krankheit für damalige Zeit schon sehr früh, im Alter von 2 Jahren, erkannt und durch einen Schweißtest bestätigt wurde. Von diesem Zeitpunkt an lag der Schatten dieses Leidens nicht nur über dem Leben von Susanne, sondern bestimmte Denken und Handeln der ganzen Familie; zumal die Unausweichlichkeit des Weges den Eltern bewußt war. In dem Leiter der Uni-Kinderklinik, Prof. Dr. Dr. Wiedemann fand man einen behutsamen, weitsichtigen Arzt. Mit den Eltern sprach er offen und wahrhaftig über den Weg und die Lebenszeit von Susanne. In ihm fand sie selber einen väterlichen Freund. Das warmherzige, freundschaftliche Verhältnis sollte bis an ihr Lebensende währen und ihren Umgang mit der Mukoviszidose wesentlich prägen.

Wenige Monate später wurde ihr Bruder Christoph geboren, der ebenfalls an CF erkrankt war. Mit ihm wußte sich Susanne durch das gleiche Schicksal und die oft gemeinsam verbrachten Krankenhausaufenthalte tief verbunden. Nicht daß man sich hoffnungslos wie in ein Verhängnis ergeben hätte. Susanne wollte leben! Ihr unbeugsamer Lebenswille half ihr immer wieder, neuen Mut und neue Kraft *zu finden. Und die Eltern, Schwestern und Brüder – im ganzen waren sie sechs Geschwister – halfen ihr, ihre begrenzte Lebenszeit zu füllen und zu erfüllen.*

*Man orientierte sich an den Möglichkeiten der CF-Kinder. Man aß, was sie essen konnte. Man plante Ferien und Unternehmungen, an denen sie teilhaben konnte. Man half ihr, natürlich und offen mit ihrer Krankheit umzugehen. Nach der Grundschulzeit wechselte Susanne auf das Gymnasium in Flensburg. Das bedeutete für sie zusätzliche Anstrengungen als Fahrschülerin. Es galt, sich in der ihr bisweilen unbarmherzig begegnenden Leistungsgesellschaft in der Schule zu behaupten. Susanne stellte sich der Herausforderung. Trotz der sehr zeitaufwendigen Therapie, der Klopfdrainage, dem Inhalieren und einigen Jahren Nebelzelt, trotz häufiger notwendiger Klinikaufenthalte konnte sie ohne Unterbrechung das Abitur ablegen. In diese Zeit fällt der Tod ihres Bruders Christoph, der mit 15 Jahren an der Mukoviszidose starb. In seinem Tod sah Susanne auch ihre Lebensgrenze vor sich: "Nun weiß ich, was mir bevorsteht!" Seit dieser Zeit stand ihr Leben unter dem klaren Wissen eines unausweichlichen, frühen Sterbens.*

*In der Familie wurde das Thema Sterben nicht ausgegrenzt, sondern bewußt angesprochen. Immer wieder wurde miteinander versucht, Antwort auf die Fragen nach Leben und Sterben zu finden. Für Susanne bedeutete das einen bewußten Umgang mit dem ihr vorgezeichneten Lebensweg. Einem Freund schreibt sie: "Ich habe ein Leben mit Mukoviszidose zugewiesen bekommen und es ist meine Aufgabe, mit dieser Krankheit zu leben. Man kann ihr voll Mißmut gegenüberstehen, voll Wehmut. Ich möchte lieber mit einem Lächeln durch mein Leben gehen. Mir scheint Gott ein guter Aufgabensteller zu sein." Es ist erstaunlich, welchen unerschöpflichen Frohsinn sie sich bis in ihre letzten Lebenstage bewahrte, mit ihrem Humor Menschen, die ihr begegneten, erheiterte. Ein beredtes Beispiel dafür sind ihre Kurzgeschichten, die sie nach Absolvierung eines Schriftstellerlehrgangs schrieb.*

*Susanne hatte den Wunsch, nach dem Abitur an der Uni in Kiel zu studieren. Das ließ sich wegen des fortgeschrittenen Krankheitsverlaufes nicht realisieren. Dennoch versuchte sie, jedenfalls für eine begrenzte Zeit, sich aus der räumlichen Verhaftung an die Familie zu lösen. Zusammen mit ihrer ältesten Schwester zog sie nach Flensburg und begann an der PH das Studium für das Lehrfach Deutsch und Religion. Der Umgang mit Menschen, besonders mit Kindern lang ihr am Herzen. Schon nach ihrer Konfirmation hatte sie sich einen Kinderkreis aufgebaut. Bis an ihr Lebensende war sie begeisterte Mitarbeiterin und Gestalterin des Kindergottesdienstes. Es ist bezeichnend, wie auch später, als die Arbeit nur noch mit Sauerstoffbrille und geräuschvollem Oxymaten ausgerichtet werden konnte, die Kinder an ihr hingen.*

*Während ihres Studiums hatte Susanne das Glück, einer Professorin zu begegnen, die – ebenfalls unheilbar erkrankt – sie verstand und ihr in Freundschaft verbunden*

135

*war. War es verwunderlich, daß sie sich zu ihrem Examen das Thema "Tod und Sterben in Kinderbüchern" erbat?*

*Mit dem 1. Examen endete die Berufslaufbahn von Susanne. Die Krankheit hatte ihre Lunge so sehr zerstört, daß eine Sauerstoffbehandlung unumgänglich war, in den letzten Lebensjahren Tag und Nacht. Nicht, daß Susanne sich nun von den Menschen zurückzog. Mit dem Sauerstoffgenerator fuhr sie weiterhin auf die Nordsee-Insel Sylt, auf der sie Jahrzehnte hindurch immer wieder Kräftigung gefunden hatte. Mit dem Rollstuhl und dem Oxymaten wagte sie sich weiterhin in die Öffentlichkeit. Ein besonderes Erlebnis wurde für sie die Mitwirkung bei dem Mukoviszidose-Film "Im Sommer sterb' ich nicht so leicht", dem sie auch den Titel gab.*

*Es war ein Geschenk, daß Susanne mancherlei Gaben entfalten konnte. Von Jugend an sang sie in einem Chor und spielte die Zugposaune in einem Bläserchor, solange es möglich war. Für sie war dabei nicht nur die Musik Quelle steter Freude, sondern zugleich auch das Miteinander unter Menschen. Sie brauchte die anderen, und die anderen brauchten sie. In den letzten Jahren entdeckte sie die Malerei, brachte in Farbe, was sie sah, dachte und fühlte. Es schien, als wollte sie mit ihrem Tun die ihr noch gegebenen Tage und Stunden bis zur Neige ausnutzen.*

*Mit zunehmendem Alter zeichneten sich immer stärker die Spuren des Leidens in ihrem Leben ab. Die Infekte häuften sich. Das Atmen wurde zur Qual. Immer mehr Krankenhausaufenthalte wurden notwendig, in den letzten Jahren bei Prof. Dr. Manzke auf Norderney. Hier schrieb sie aus den Erfahrungen mit Ärzten und Schwestern ihren "Ratgeber für Ärzte und Patienten". Die persönliche Freundschaft, die sie und ihre Familie mit diesem Arzt verband, half ihr, immer wieder die Klinikaufenthalte zu bestehen. Am 1. Weihnachtstag 1988 erreichte die Eltern die Nachricht aus Norderney, unverzüglich an ihr Krankenlager zu kommen. Nach einem Blutsturz hatte man die Hoffnung für sie aufgegeben. Aber es war typisch für Susanne: Als die Eltern eintrafen, kehrte sie gewissermaßen "zum Leben zurück". In den folgenden Jahren sollte sich das noch einige Male wiederholen. War es der Lebenswille, der aus der Geborgenheit und Nähe der Familie immer wieder neue Kraft fand? Die letzten Jahre waren in besonderer Weise geschenkte Jahre, für Ärzte und Angehörige nur als Wunder zu verstehen.*

*am 7. Juli 1992 starb Susanne in den Händen ihrer Eltern. Auf der Todesanzeige war zu lesen: Wir danken Gott für ihr Leben, das uns innerlich reich machte, für die Kraft, die er uns schenkte, für die Hoffnung, die uns trug.*

*Maria und Lorenz Petersen, Glücksburg*

*Susanne Petersen*

# Bericht einer Patientin aus Ungarn

*Ich heiße Bernadett Káráz, bin 22 Jahre alt. Ich wurde 1975 mit 3 Jahren diagnostiziert, obwohl es schon seit den ersten Wochen meines Lebens Probleme mit meiner Gesundheit gab. Damals beschäftigte sich in Budapest nur Doktor Holics mit dieser Krankheit. Zu ihm kam ich erst nach meiner Diagnose. Seitdem bin ich ihre Patientin. Sie tat sehr viel dafür, daß diese Krankheit in Ungarn immer mehr bekannt wurde (trotzdem verfügen ungarische Ärzte bis zum heutigen Tag leider nur über sehr wenig Information auf diesem Gebiet).*

*Wegen meiner Mukoviszidose kam ich ein Jahr später in die Grundschule, beendete sie aber dann ohne weitere Probleme. Danach lernte ich in einem Gymnasium in der Hauptstadt und legte im Juni 1991 das Abitur ab. Seitdem studiere ich Germanistik an der Universität von Pe'cs in Süd-Ungarn; ich bin in meinem vorletzten Jahr.*

*Ich versuchte immer, ein so normales Leben wie möglich zu führen, wobei mir meine Eltern sehr viel halfen. Außer dem Inhalieren und Nehmen meiner Medikamente treibe ich regelmäßig Sport. In der Familie gibt es keinen anderen mit CF, jedoch mein Bruder trägt das "kranke" Gen.*

*Und jetzt einiges über unseren Verein für CF-Erwachsenen. 1986 war der Internationale CF-Kongreß in Budapest. Der älteste CF-Patient Varga Árpád in Ungarn nahm schon daran teil, aber nur als Beobachter, da damals noch kein Verein existierte.*

*Immer mehr CF-Kranke erreichten aber das Erwachsenenalter, und so wurde die Gründung eines Vereins nötig. Varga Árpád begann, alles zu organisieren. Es gab schon seit Jahren eine Organisation für Eltern mit CF-kranken Kindern. Dank ihnen und Árpáds und der Hilfe von vielen anderen Ärzten und Beteiligten konnten wir unser erstes Zusammentreffen im Dezember 1991 halten. Im nächsten Frühling unterschrieben wir die Absichtserklärungen und im Juni 1991 begründeten wir den Verein für CF-Erwachsenen in Ungarn. Der Verein wurde im Oktober auch offiziell eingetragen. Seitdem haben wir jedes Vierteljahr ein Treffen.*

*Jährlich versuchen wir im Sommer einen Lager für CF-Kranken und ihre Familienmitglieder zu organisieren, wo sie sich erholen können und viel Spaß haben, und einander besser kennenlernen.*

*Letztes Jahr hatten wir unser erstes Nationaltreffen. Es dauerte 3 Tage, und nicht nur Ärzte und Patienten, sondern auch Eltern, Freunde, Psychotherapeuten und alle Interessenten konnten daran teilnehmen. Man hatte die Möglichkeit, seine Probleme mit den anderen zu besprechen und seine Fragen zu stellen. Da es ein sehr erfolgreiches Ereignis war, wiederholten wir es auch diesen Herbst, und wollen es zur Tradition machen.*

Außer den inländischen Aktivitäten versuchen wir uns immer öfter auch im Ausland zu repräsentieren. Die erste Möglichkeit kam im Mai 1992 vom Deutschen Verein. Wir nahmen an der Deutschen Nationalversammlung teil. Jedoch unser erster internationaler Kongreß war der in Dublin 1992, wo Ungarn von Varga Árpád, seiner Frau und von mir vertreten wurde.

In 1993 konnte ich mit einer anderen Patientien eine schöne Woche in Kiel bei Frau Bieger und ihrer Familie verbringen. Die Deutsche CF-Organisation half uns auch finanziell und auch beim Sammeln von Erfahrungen sehr viel, wofür ich mich im Namen des Ungarischen CF-Vereins wieder herzlich bedanken möchte.

Dieses Jahr fuhren schon vier von uns nach Paris; wir konnten dort viele neue Freunde besuchen. Von unseren Reisen, Erfahrungen berichten wir in unserer CF-Zeitung, die seit Dezember 1992 jedes Vierteljahr erscheint. Auch Interessenten und alle Beteiligten können hier ihre Meinung veröffentlichen. Wir möchten dadurch erreichen, daß die Mukoviszidose im Lande mehr bekannt wird.

In den letzten Jahren können die Patienten zu vielen Medikamenten ohne Probleme kommen, obwohl einige noch immer nicht für unentgeltlich aufgeschrieben werden können. auch Inhalatone sind nicht mehr schwer zu bekommen.

Das Ziel des Vereins ist das Leben der Patienten mit allen möglichen Mitteln zu verbessern. Und obwohl wir in den letzten Jahren einige Freunde verloren haben, setzten wir die Arbeit fort und hoffen auf baldige Ergebnisse der wissenschaftlichen Forschungen.

Ich wünsche allen frohe Weihnachten und ein glückliches Neues Jahr.

Mit freundlichen Grüßen

Bernadett Káráz

МОИМ ДОРОГИМ
СПОНСОРАМ

Я

Jaroslaw Below

*Ein besonderer Koffer*

ANKUNFT

meine Mutter

Meine Schwester

Auf der Kinderseite hab ich etwas gefunden, was ich schon einige Wochen suche. Einen Koffer, einen besonderen Koffer, in welchen ich alle Erinnerungen, die Liebe, die Freundschaft die Bereitschaft, das Verständnis und viele feine Sachen packen kann, welche ich im diesem Sommer erlebt habe. Ich will, daß meine Seele kein kleines Stück dieser Zeit vergißt, besonders von dem CF-Speiseraum und deren Bewohnern. Weil ich kein geiziger Mensch bin, möchte ich meine Freude mit allen Miko-Leser teilen. Mein Name ist Viktorija Keller

Ich

ABREISE

## Es ist nicht einfach

*Stephan Kruip erzählt, er habe insofern Glück gehabt, als die Ärzte bei seiner Geburt schon sensibilisiert gewesen seien: "Meine zu der Zeit vierjährige Schwester hatte auch Mukoviszidose. Also wurde ich von vornherein gründlich darauf untersucht, und die Therapie setzte unmittelbar ein, vorbeugend, weil ich außer Durchfall zunächst keine Symptome hatte."*

*Mit regelmäßiger Substituion von Pankreasenzymen, Vitamingaben sowie einer eiweiß- und kalorienreichen Ernährung gedieh Stephan recht gut. "Ich habe mich als Kind nicht sonderlich krank gefühlt, mußte auch nie länger in die Klinik. Daß etwas nicht stimmte, kriegte ich eigentlich erst in der Schule richtig mit, als ich von Klassenkameraden angesprochen wurde, ob ich schon wieder erkältet sei."*

*Aber man müsse ihn doch über die Art seiner Erkrankung aufgeklärt haben, wende ich ein. Das sei schließlich die Voraussetzung dafür, daß der Patient bei der unvermeidlichen Dauerbehandlung mitarbeite.*

*"Das ging ganz kontinuierlich", erläutert Stephan das behutsame Vorgehen seiner Eltern.*

*"Ich kann mich nicht entsinnen, daß ich irgendwann eine große Aussprache mit meinen Eltern hatte, wo sie mir mitgeteilt hätten, was mir fehlt und was ich zu tun und zu lassen habe."*

*Ab der zweiten Klasse ungefähr fing ja dann auch die Klopfdrainage an, daß ich also täglich mit dem Kopf nach unten auf einem schrägen Brett liegen mußte und abgeklopft wurde, um das zähe Sekret zu lockern. Da wurde ich zum ersten Mal direkt mit der Krankheit konfrontiert."*

*Er räuspert sich, hält die Hand vor den Mund. Ich höre das Röcheln in seiner Brust. Auf eine längere Hustenatacke gefaßt, wie ich sie aus Beschreibungen kenne, will ich schon das Tonband ausschalten, als Stephan den Kopf schüttelt. Ein Lächeln huscht über sein Gesicht. Doch gleich ist er wieder ernst, beugt sich über das Mikrophon.*

*"Für die Lebensqualität war der wesentliche Durchbruch in den letzten Jahren die autogene Drainage, eine Atemtherapie aus Belgien, die ursprünglich nur für Asthmakranke angeboten wurde. Ich hab es ein halbes Jahr lang alle zwei Wochen mit einer Krankengymnastin in Erlangen geübt. Denn man muß sich die normalerweise automatisch ablaufenden Vorgänge bewußt machen."*

*Aus einem Stapel Informationsmaterial, den er für meinen Besuch vorbereitet hat, sucht Stephan eine Broschüre heraus. Darin werde das Prinzip geschildert, meint er, versucht es freilich doch mit eigenen Worten.*

*"Beim Husten wird zwar ein Teil des Schleims rausbefördert, der Rest aber wieder zurückgepreßt, weil ja ein Überdruck entsteht. Nun holt man das Sekret erst nach*

oben, indem man ganz entspannt vollständig ausatmet, und sammelt es in den großen Luftwegen, bis man es durch kurzes und schnelles Ausatmen, ohne den Kehlkopf zu schließen, gewissermaßen mitschleifen kann. So stell ich mir das vor." Nach einer kurzen Bedenkpause bekräftigt er, als staune er selbst immer noch über dieses Kunststück: "Es funktioniert wirklich. Man kann trotz Schleim im Rachen, der zum Husten reizt, noch durchatmen. Das rauscht dann wie eine Kaffeemaschine, und damit bekomme ich alles raus, 30 bis 40 ml sind das jeden Tag, die ich dadurch loswerde, daß ich mich morgens etwa eine Stunde auf die Atmung konzentriere."

Jeden Morgen? Ob er nicht gelegentlich lieber ausschläft, überlege ich. Von Reichenberg bis zur Uni in Würzburg braucht er bestimmt noch mal eine Stunde, und wenn er um acht Uhr schon Vorlesung hat und am Abend spät ins Bett gekommen ist, was ja bei den vielfältigen Aktivitäten, die seine Mutter erwähnt hat, sicherlich des öfteren passiert – ob er in solchen Situationen nicht doch aufbegehrt gegen die Krankheit?

Ich frage: "Ist es in Ihrem Alter nicht schwer, immer so vernünftig zu sein?" Stephan nickt. "Aber wenn ich die Atemtherapie einmal auslasse, muß ich tagsüber viel stärker husten, was ja nicht nur meine Kommilitonen und die Professoren stört, sondern auch für mich sehr anstrengend ist. Ich spür's also sofort, und da wird man schnell erzogen."

Früher, räumt Stephan ein, habe es schon Konflikte gegeben, vor allem während der Pubertät. Da sei ihm die Abklopferei durch die Eltern häufig lästig gewesen. Ja, eine Wut habe er deswegen gehabt und die Prozedur nur widerstrebend geduldet, ohne sie innerlich zu akzeptieren.

"Doch jetzt weiß ich, daß mir nichts anderes übrigbleibt. Das Wichtigste muß ich selber tun. Ich kann die Krankheit nicht von mir wegschieben. Und es geht eben um Leben und Tod."

Er sagt es ohne Pathos, eher beiläufig, wie einer achselzuckend feststellt, daß er in diesem verregneten Sommer halt nicht braun wird. Selbstverständlich ist eine solche Haltung indes keineswegs.

Die Ärzte in den Spezialambulanzen berichten immer wieder, daß ein Viertel, oft sogar die Hälfte der Patienten, ihre Vorschriften nicht oder nur sporadisch befolgt. Das gilt für die Physiotherapie ebenso wie für die medikamentöse Behandlung und die Diät. Die "Compliance", wie die Fachleute dieses Problem etikettieren, ist desto schlechter, je weniger die Anweisungen auf die individuellen Umstände des Kranken und seiner Familie abgestimmt werden.

Sind zum Beispiel beide Eltern berufstätig, kann man von ihnen nicht erwarten, daß sie ihrem Kind dreimal täglich mit einer Klopfdrainage das Abhusten des zähen Sekrets erleichtern. Wird dies schematisch verordnet, fühlen sie sich überfordert und verzichten vielleicht ganz auf die Assistenz.

Nicht jeder Jugendliche, so sehr er nach Selbständigkeit strebt und daher die Physiotherapie mit fremder Hilfe ablehnt, ist bereit oder fähig, allmorgendlich

145

durch konzentrative Selbstentspannung und Atemtraining seine Luftwege zu reinigen. Manchem ist die autogene Drainage zu passiv und er müßte sich als Versager erleben, würde sie quasi als Pflichtübung abverlangt.

Um so nachdrücklicher sollte man zu Schwimmen, Jogging, Radfahren oder Ski-Langlauf ermutigen. Diese generell empfehlenswerten Sportarten wirken sich nicht nur objektiv günstig auf die Lungenfunktion aus, sondern fördern auch subjektiv die für chronisch Kranke geradezu lebensnotwendige Überzeugung, ihrem Leiden nicht ohnmächtig ausgeliefert zu sein.

Die Ärzte, so resümiert Stephan, "können mich mit Medikamenten unterstützen, mir aber nicht abnehmen, was ich jeden Tag zur Behandlung beitragen muß".

Das fängt schon mit der korrekten Einnahme der unerläßlichen Arzneimittel an. Zum ständigen Pillenpensum aller Mukoviszidose-Kranken zählen Enzym- und Vitaminpräparate. Eine Umfrage in der Schweiz zeigte, daß die Compliance bei Pankreas-Fermenten noch am besten ist, weil sich hier Versäumnisse bald mit Verdauungsbeschwerden rächen.

Größere Schwierigkeiten bereitet die antibiotische Therapie. Gewöhnlich wird sie gezielt gegen akute Infektionen verschrieben, und so bekämpft man auch die fieberhaften Lungenaffektionen bei cystischer Fibrose.

Um die in dieser Phase massiv vorhandenen Erreger zu vernichten, muß stets eine ausreichend hohe Konzentration des dafür geeigneten Wirkstoffs im Organismus gewährleistet sein. Das setzt voraus, daß jedesmal genau festgelegt wird, wie lange und in welchen Intervallen die täglichen Einzeldosen zu schlucken sind.

Zwei oder drei Wochen hält sich das Gros der Patienten wohl an das ärztliche Regime, zumal, wenn ihr Befinden erheblich beeinträchtigt ist. Dagegen läßt die Disziplin bei der seit 1970 an der Universitäts-Kinderklinik München praktizierten Dauerbehandlung sicherlich nach.

Außerdem monierten Kritiker dieses Vorgehens: Verabreicht man permanent relativ kleine Mengen antibakterieller Pharmaka, könnte Resistenz gezüchtet und eine Besiedlung mit womöglich viel gefährlicheren Keimen provoziert werden. Die Befürchtung scheint jedoch unbegründet.

Obwohl man parallel zum fast völligen Verschwinden der zunächst dominierenden Staphylokokken eine deutliche Zunahme der Sputumbefunde mit Pseudomonas aeruginosa registrierte, war dies klinisch bedeutungslos. Der Allgemeinzustand der meisten Patienten verbesserte sich; der Entzündungsprozeß wurde eingedämmt und die Lunge vor weiteren Schäden bewahrt.

Ob das tatsächlich einem spezifischen Effekt oder eher der insgesamt optimalen Betreuung in München zuzuschreiben ist, wird kontrovers beurteilt. Dessen ungeachtet findet die prophylaktische Antibiotika-Therapie mehr und mehr Anhänger.

Stephan hat jedenfalls nicht den geringsten Zweifel, daß er von den zwei Tabletten "Cotrimoxazol" täglich profitiert. Warum auch immer, er hatte seit fünf Jahren keine gravierende Atemwegs-Infektion mehr. Und die Kontroll-Untersuchungen, zu denen er zwei- bis dreimal jährlich nach Erlangen muß, bestätigen, daß die Krankheit im pulmonalen Bereich bei ihm zum Stillstand gekommen ist.

Was er am eigenen Leib erfahren hat, motiviert ihn zugleich, andere Patienten zu ermuntern, daß sie die Hoffnung nicht aufgeben. Er ist Mitglied in der "Deutschen Gesellschaft zur Bekämpfung der Mukoviszidose" und der "CF-Selbsthilfe", die sich von dieser abspaltete, da einige Eltern glaubten, dort seien die medizinischen Experten zu beherrschend.

Mittlerweile, konstatiert Stephan befriedigt, zeichneten sich wieder mehr Gemeinsamkeiten ab. Es sei ja unsinnig, die Kräfte zu zersplittern: "Auf den jährlichen Arbeitstagungen der Mukoviszidose-Gesellschaft informiere ich mich hauptsächlich über die Entwicklung in der Therapie und auf wissenschaftlichem Gebiet. Da tut sich neuerdings einiges. Erfreulicherweise werden jetzt auch mehr finanzielle Mittel bereitgestellt, vom Staat und aus Spenden.

Bei einer Selbsthilfe-Gruppe in Würzburg bin ich so eine Art Berater für Kinder und Familien. Der Austausch mit Gleichaltrigen – so viele sind es ja nicht – läuft brieflich. Zum Beispiel hab' ich regelmäßig Kontakt mit einem Mädchen in der DDR, das praktisch nicht mehr aus dem Haus kann. Das Atemvolumen ist auf weniger als ein Drittel des Normalwertes geschrumpft. So etwas erschreckt natürlich, führt mir aber immer wieder vor Augen, wie gut ich noch dran bin."

Wir werden kurz unterbrochen, Frau Kruip bringt Kaffee, Kekse, Zwieback, Butter, Marmelade – und damit das Gespräch vorübergehend auf ein anderes Thema. Die Diät, erklärt Stephan, sei einfacher geworden. Mit den heutigen Enzymzubereitungen könne man Fett in jeder Form essen.

Das sei nicht zuletzt wegen der Kalorien wichtig. Er brauche etwa das Doppelte wie ein Gesunder, am besten verteilt über fünf bis sechs Mahlzeiten: "CF Kranke verwerten die Nahrung schlecht, und ihr Körper benötigt mehr Energie, besonders bei starkem Lungenbefall, wo bis zur Hälfte für die Atmung aufgewendet werden muß."

Neulich habe er von einem 30jährigen gelesen, der bis dahin auf Magersucht behandelt worden sei. Sonst habe man bei ihm nichts bemerkt. Manche CF-Patienten würden vermutlich überhaupt nie als solche erkannt, während andere eben von Anfang an schwer krank seien, "wie meine Schwester, die ja dann mit sechs Jahren gestorben ist".

Er sagt es so unbefangen-sachlich, daß ich, ohne in den Verdacht zu geraten, ein Schicksal journalistisch auszubeuten, fragen kann: Wie wird ein junger Mensch seelisch mit einer Krankheit fertig, deren existentielle Bedrohlichkeit für ihn in Anbetracht des frühen Todes seiner Schwester eine unausweichliche Realität ist?

Zuerst habe ich den Eindruck, Stephan wolle sich doch um eine persönliche Antwort herumdrücken. Die Lebenserwartung bei Mukoviszidose, doziert er, "wird ja widersprüchlich eingeschätzt. In den Life-tables, die von den Ambulanzen berechnet werden, sackt die Kurve nach dem 20. Lebensjahr steil ab. Demnach

147

*müßte ich davon ausgehen, daß ich nicht mehr lange habe. Mein Arzt in Erlangen meint dagegen, ich könnte ein normales Alter erreichen. Aber niemand weiß es genau."*

*Er lehnt sich zurück, denkt nach, bevor er fortfährt: "Es ist nicht einfach, und es dauert auch, bis man sich in vollem Umfang klarmachen kann, daß man auf den Tod hinlebt ... "*

*Er schaut das Mikrophon an, lächelt flüchtig, als ersuche er um Nachsicht. "Das hört sich ein bißchen geschwollen an. Doch mir fällt das schon oft ein. Ich habe mir auch meine eigene Beerdigung vorgestellt, ganz konkret. Da wird man sehr traurig, gewiß. Trotzdem: Nach und nach hat sich bei mir das Gefühl entwickelt, daß es nicht unbedingt eine Einschränkung sein muß, daß man in kürzerer Zeit jeden Tag genießen kann, intensiver vielleicht als manche, die zwar kerngesund sind, aber so dahintrödeln. Nein, ich glaube nicht, daß es ein Nachteil ist, wenn man den Tod einbezieht."*

*In der Tat: Stephan lebt mit seiner Krankheit, doch nicht nur für sie. So energisch er sich selbst um die Behandlung kümmert, sein Denken und Handeln erschöpft sich nicht darin.*

*Atemgymnastik, ausgewogene Ernährung, Medikamente, Sport und Yoga – das alles sind Mittel zum Zweck, aktiv seinen Alltag gestalten und die Zukunft – soweit möglich selbstverantwortlich – planen zu können.*

*Davon zeugt etwa der Wandschmuck in der "Studentenbude" unterm Dach des elterlichen Hauses; raffinierte Farbaufnahmen, die er mir mit Stolz als Beispiele seiner Betätigung in einem Fotoclub präsentiert.*

*Den Computer neben seinem Schreibtisch benutzt er im Augenblick hauptsächlich zur Textverarbeitung, weil er für die kirchliche Pfadfinder-Jugend Zeltlager und Veranstaltungen organisiere, wobei auch ein Haufen zu tippen sei.*

*"Aber zwischen Abitur und Studienbeginn habe ich Software programmiert und gar nicht schlecht verkauft. Ja, ich stand kurz vor der Unternehmensgründung", verkündet er augenzwinkernd.*

*Er bekomme immer noch die verschiedensten Anfragen deswegen aus der Bundesrepublik Deutschland sowie aus Österreich und der Schweiz.*

*Auf sein Physik-Studium angesprochen, bekennt Stephan: "Ich wählte ein Fach, an dem ich Spaß habe. Das gab den Ausschlag. Natürlich war klar, daß der Beruf nicht anstrengend sein darf. In den Ferien habe ich mal sechs Wochen in einer Computerfirma gearbeitet, und ich denke schon, daß ich das schaffe.*

*Nur: Als Physiker bin ich ja, da ich mich kaum für eine Hochschul-Karriere eigne, auf die Privatwirtschaft angewiesen... Und ob man da als CF-Patient mit einer Minderung der Erwerbsfähigkeit zwischen 50 und 100% eingestellt wird, ist überaus fraglich. Doch bis es soweit ist, habe ich ja noch drei Jahre Zeit."*

*Dieser illusionslose Optimismus – war er Stephan in die Wiege gelegt? Oder verdankt er die innere Festigkeit einem "sozialen Netzwerk", das ihn sorgsam* aufgefangen hat, ohne ihn einzuengen? "Wie war", erkundige ich mich, "Ihre Position innerhalb der Familie?"

"Meine Eltern haben bewußt darauf geachtet, daß sie mich nicht zu sehr beschützen. Sie erlaubten mir auch, bei Klassenfahrten mitzumachen, was sie bestimmt Überwindung gekostet hat, denn sie konnten ja dann die Therapie nicht überwachen. Gut war, daß im Gymnasium die Schulkameraden, mit denen ich näher befreundet war, über meine Krankheit Bescheid wußten. Einer von ihnen hat mich bei einer solchen Tour morgens immer abgeklopft. Und nach dem Abitur sind wir zusammen mit Rucksack und Zelt nach Korsika..."

Er mustert mich, als wolle er sich vergewissern, ob ich mit seiner Antwort zufrieden sei. Wahrscheinlich, fügt er nach einer Weile hinzu, wäre er doch mehr verhätschelt worden, hätten seine Eltern nach dem Tod der Schwester nicht einen Jungen, zwei Jahre älter als er, adoptiert. Das habe ihnen geholfen, über den Verlust hinwegzukommen und die Angst vor der Krankheit besser zu bewältigen. Die Gefahr sei ja groß, daß sich die Familie mit nichts anderem mehr beschäftige.

Ob er noch weitere Geschwister habe? "Ja, einen zweiten Bruder. Der ist gesund, aber vermutlich Erbträger."

*Peter Stössel*

*Stefan Kruip/ Peter Stössel*

*Fee Comesaña* †

# An der Grenze des Lebens

*Aus: Amrum-Album*

*Susanne Petersen*

## Angesicht des Todes

*Auf der Spitze eines Eisberges stehend*
*– schwankend –*
*kann ich das Leben*
*nur genießen.*
*Lächelnd über jeden Tag*
*der kommt und geht.*
*In mir das Leben –*
*nicht versiegt.*
*Ich sehe Euch,*
*wie ihr vorbeihetzt und stöhnt,*
*sucht und nicht findet,*
*und ich weiß:*
*ich habe es besser,*
*ich habe es gut.*

*Susanne Petersen, Quern †*
*aus 'Gedanken und Gedichte 1992'*

## Nein

„Nein, ich will nicht geh weg."

„Komm es tut nicht weh".

„Doch es tut weh Du weist es ja
gar nicht geh jetzt weg"

„Nein." „Aua hör auf
das tut weh las es."

„Es ist nur gut für dich."

„Nein, nein, nein!"

Katharina
Mrosek
12

*Oliver Kerner*

Oliver Kerner

## Schwebezustand

Es war einer dieser wunderschönen Sommertage im Juni 1988. Mein Gesundheitszustand war seit einiger Zeit stabil, in der Schule lief es auch zufriedenstellend, der Führerschein wurde seit einiger Zeit in Angriff genommen – ich war einfach gut gelaunt und konnte mich über alles freuen.

Heute holte mich meine Mutter an der Schule ab, um mit mir zum Augenarzt zu gehen, damit ich mir endlich meine langersehnten Kontaktlinsen verschreiben lassen konnte. Endlich beim Augenarzt angekommen, wurde meine Sehstärke neu festgestellt und dann kam der große Augenblick: ich bekam für eine Stunde Probelinsen angepaßt.

Meine Mutter und ich gingen in dieser Zeit in die Stadt und ich fing an, Pläne zu schmieden. In drei Wochen ging es in den Urlaub. Ob ich dann meine Kontaktlinsen schon hatte? Ob ich vielleicht auch schon den Führerschein besaß? Das wäre herrlich. Welche schönen Ausflüge könnte ich dann mit meiner Schwester am Urlaubsort unternehmen.

Nach einer Stunde mußte ich die Kontaktlinsen abgeben und die verhaßte Brille wieder anziehen.

Nachdem alle Einkäufe erledigt waren, fuhren wir nach Hause. Ich mußte noch am Nachmittag zu meiner Krankengymnastin zur Therapie. Dort ging ich immer gerne hin. Die Zeit bei Gudrun war immer lustig und wir lachten viel. Anschließend fuhr sie mich meistens nach Hause und trank eine Tasse Kaffee bei uns. So auch heute. Nachdem Gudrun noch bei uns im Ort getankt hatte, fuhren wir zu uns zum Kaffeeklatsch. Als meine Krankengymnastin gefahren war, fuhr ich mit meiner Schwester in den Nachbarort, da sie auf die Sonnenbank wollte. Eigentlich war ich nur mitgefahren, um ihr Gesellschaft zu leisten, doch aus Langeweile ging ich für fünfzehn Minuten auf eine der Sonnenbänke. Schließlich ging es bald in den Urlaub und ein bißchen vorbräunen konnte nicht schaden.

Nach einem gemütlichen Abendessen mit meiner Mutter und meiner Schwester war ich noch so "aufgekratzt", daß ich beschloß, eine "Sonderschicht" Gymnastik einzulegen. Bei meiner – bis dahin – Lieblingsübung, dem Frosch, hörte und spürte ich gleichzeitig ein Gurgeln und Rauschen in meiner Lunge. Im selben Moment merkte ich, wie eine wässrigdünne Flüssigkeit in meinen Mund gelangte. Und schon merkte ich den salzigen Geschmack von Blut. Ich spuckte in ein Taschentuch und sah das Blut. Voller Angst rief ich nach meiner Mutter, die sofort angelaufen kam.

Ich hatte schon des öfteren mehr als ein Schnapsglas voll Blut geschluckt, doch es erschreckte und ängstigte mich immer wieder. Auch meine Mutter sah erschrocken aus, als sie das Blut sah und empfahl mir, mich ruhig in mein Bett zu legen, was ich dann auch widerspruchslos tat.

Um kurz vor halb elf abends hörte ich erneut das seltsame Geräusch in meiner Lunge und spürte schon wieder das Blut die Luftröhre hochkommen. Ich schaffte es gerade noch rechtzeitig, ins Badezimmer zu kommen, ohne größere Flecken von Blut auf dem Fußboden zu hinterlassen. Als ich dann endlich über dem Waschbecken hing, lief das Blut in solchen Mengen aus meinem Mund, daß ich kaum dazu kam, richtig Luft zu holen. Ich brauchte meine ganze Konzentration, um durch die Nase einzuatmen. Jemanden zur Hilfe zu rufen, schaffte ich nicht mehr. Endlich hörte ich, wie die Haustüre aufgeschlossen wurde. Mein Vater kam von der Arbeit nach Hause. Nun konnte ich unser altbewährtes "Telefonsystem" benutzen: Ich stampfte mit dem Fuß auf den Badezimmerboden. Mein Vater wußte dann, daß er zu mir kommen sollte. Ich hörte ihn schimpfend die Treppe hochlaufen und dann ins Badezimmer kommen. Er dachte, daß ich etwas zu trinken gebracht haben wollte und war deshalb ärgerlich. Als er mich am Waschbecken stehen sah, war er von der Situation überrascht. Doch er konnte nichts anderes für mich tun, als neben mir stehenzubleiben, beruhigend den Rücken zu streichen und warten, bis das Bluten aufhörte.

Als ich nach einiger Zeit wieder sprechen konnte, wollte ich, daß mein Hausarzt kommen sollte, um etwas gegen das Bluten zu unternehmen. Doch meine Eltern empfahlen mir wieder die altbewährte Bettruhe, die ich brav einhielt.

Als mein Vater eine Stunde später zu Bett ging, rief ich nach ihm, weil mir trotz Hochsommer und dicker Daunendecke eiskalt war. Ich verlangte eine weitere Decke und eine Wärmflasche.

Gleichzeitig erzählte ich meinem Vater, daß es mir gut ging und daß ich aufstehen wollte. Leicht irritiert schaute er mich an und sagte, daß ich weiterhin im Bett liegenbleiben solle.

Infolge des großen Blutverlustes begann mein Körper auszukühlen und ich begann zu phantasieren.

Nach einiger Zeit war ich wieder eingeschlafen und erwachte von erneuten Geräuschen in der Lunge. Dieses Mal schaffte ich es nicht mehr, bis ins Badezimmer zu kommen und spuckte das Blut einfach in mein Bett. Irgendwie sind meine Eltern wach geworden und kamen in mein Zimmer. Ich konnte nur noch den Arzt verlangen, den meine Mutter sofort anrief; gleichzeitig bestellte sie den Krankenwagen.

Inzwischen kam soviel Blut, daß ich kaum mehr Luft bekam. Ich saß neben meinem Vater auf meinem Bett und verspürte den Drang, auf die Toilette zu müssen. Dies sagte ich meinem Vater, der mir sagte, daß ich einfach ins Bett machen solle, da es unmöglich war, mich ins Badezimmer zu bringen. Die Idee, mein Bett als Toilette zu benutzen, fand ich wirklich gut.

Vom Gedanken um den Gang auf das WC wurde ich schnell abgelenkt. Ich hatte mit noch größerer Luftnot zu kämpfen. Mein einziger Gedanke war nur noch, daß ich mit siebzehn Jahren viel zu jung zum Sterben sei und daß ich dazu im Moment auch keine allzugroße Lust verspürte. Dann wurde ich ohnmächtig.

*An welchem schönen Platz war ich hier gelandet? "Ich" war leicht wie eine Feder, es war wunderbar warm und hell. Meine Luftnot, das ganze Blut, alles war verschwunden. Und was sah ich? Ich konnte in das Innere meines Körpers hineinschauen, in die Speiseröhre, in die Lunge und gleichzeitig konnte ich auch auf meinen Körper schauen. Es kam mir so vor, als wenn ich mich freischwebend ohne meine Körperhülle im Raum bewegen könne. Als ich aus meinem Körper war und frei "schwebend" über mir war, sah ich meine Eltern an meinem Bett stehen und bemerkte, daß ich mich im Krankenhaus unserer Stadt befand. Der Zustand des "Schwebens" war sehr angenehm, und ich wollte dieses tolle Erlebnis noch lange genießen. Alles war hier so friedlich und angenehm, ohne Schmerzen, ohne Luftnot.*

*Nein – nicht alles! Warum versuchte man überall in meinen Körper Schläuche und Nadeln einzuführen? Das gefiel mir ganz und gar nicht! Also zog ich alles wieder heraus. Genutzt hat es nichts. Sofort kam die Nadel und der Sauerstoffschlauch von einer anderen Seite in meinen Körpeer. Als der Schlauch für den Sauerstoff eingeführt wurde, sah ich dabei aus einer Perspektive zu, die mir suggerierte, daß "Ich" mich in meinem Mundraum befand und alles beobachten könne.*

*Langsam drang Stimmengemurmel zu meinen Ohren durch. Irgendwer nervte mich in meinem "Good–Feeling–Zustand" – mit Mathematik und meinem damaligen Mathelehrer. Ich fand es eine Gemeinheit, mich so zu stören. Also ignorierte ich den Sprecher, gab keine Antwort und "verschwand" im "Glückszustand". Doch die Gegenseite war hartnäckig. Erneut wurde ich in ein Frage- und Antwort-Spiel einbezogen, bis ich widerwillig die erste Antwort gab. Als "Belohnung" hörte ich, daß ich nichts trinken durfte, falls man mich zu einem späteren Zeitpunkt doch noch intubieren müsse.*

*Als ich wieder richtig wach war, beauftragte ich meine Eltern, meine Fahrstunden für den nächsten Tag abzusagen, da ich im Moment wirklich nicht kommen könne. Damit hatte ich allen Anwesenden bewiesen, daß mein Gehirn wieder funktionierte und keinen Schaden genommen hatte. Trotzdem wurde ich genauestens gefragt, an welche Dinge ich mich erinnern konnte. Nach zufriedenstellenden Antworten wurde ich bis morgens in Ruhe gelassen.*

*Beim Frühstück kam der behandelnde Arzt, um mich schonend darauf vorzubereiten, daß mein behandelnder CF-Arzt eine Verlegung in die Universitätsklinik wünsche. Ich versuchte, dagegen zu protestieren, denn eine Verlegung, hieß keinen Besuch von Freundinnen, die alle in meinem Alter waren und weder Führerschein noch Auto besaßen. Aber mein Protest hatte keinen Erfolg: meine Verlegung fand statt.*

*Mit einem uralten Krankenwagen ohne Sauerstoff und Notfallkoffer, nur mit zwei Fahrern ausgerüstet, trat ich meine Zwei-Stunden-Reise über die Autobahn an. In der Universitätsklinik empfing man mich schon freundlich und verfrachtete* mich sofort in ein Bett. Dann kam mein Arzt, unterhielt sich mit mir, setzte die Antibiotika-Therapie an und verordnete mir absolute Bettruhe.

Abends fing die Blutung erneut an. Sicherlich ausgelöst durch die lange Autofahrt. Es wäre besser gewesen, wenn man mich geflogen hätte.

In der ersten Nacht bekam ich durch den großen Blutverlust solche Kopfschmerzen, daß ich nur auf einem Stuhl sitzend mit dem Kopf auf dem Bett liegend ein wenig schlafen konnte.

Meine Haut wurde immer blaßer und schließlich grünlich, ein Zeichen, daß sich mein Blut nicht nachgebildet hatte. Als mein Hb-Wert nach einigen Tagen immer noch nicht gestiegen war, entschloß man sich zu einer Bluttransfusion. Davor hatte ich Angst, war doch immer noch ein gewisses Risiko wegen der Ansteckungsgefahr mit Aids nicht ganz auszuschließen.

Nach der Transfusion besserte sich mein Zustand sehr schnell. Nach zehn Tagen durfte ich die Klinik verlassen und sogar in den lange geplanten Urlaub mit meinen Eltern und meiner Schwester fahren.

Ein Nachspiel wegen der Bluttransfusion gab es 1993. Meine Angst damals vor Aids war nicht ganz unbegründet, wie dann beim Blutskandal herauskam. Also entschloß ich mich, in meiner Ambulanz einen Aidstest durchführen zu lassen. Dies geschah dann auch und das Ergebnis war – Gott sei Dank – negativ.

Wenn ich heute, nach fast sieben Jahren, zurückblicke, denke ich, daß mein großer Lebenswille mich damals davor bewahrt hat, dem Zustand des "Schwebens" noch einmal davonzukommen. Ich mußte sehr kämpfen, um auf die Stimme des Arztes in der Ohnmacht zu reagieren und ihr zu vertrauen. Doch ich habe es noch einmal gewagt und würde es wieder tun.

Ulrike Vogt

161

Susanne Petersen

# Absage

*Oh diese Welt*
*wie ist sie doch oft so trüb*
*wenn man den Schmerzgrad empfindet*
*und enttäuscht in sich zusammensinkt*
*weil man das, was man gedacht*
*oder sich wünschte*
*nicht bekam*
*und sich unermeßlich sehnt*
*nach Glück, nach Heiterkeit.*
*Und doch – man kriegt es nicht*
*und kann es nicht kriegen*
*weil das Herz einem zu schwer*
*weil die Gedanken viel zu weit*
*viel zu traurig*
*viel zu einsam.*
*Oh, diese Welt,*
*wenn sie in sich zusammenfällt,*
*wie ist sie doch*
*so übel*
*so schrecklich*
*so einsam.*
*Vorher freut man sich*
*und erhofft sich*
*ein besonderes Vergnügen*
*– und jetzt ist einem abgesagt.*

*10. 04. 1984, Felix Dengg †*

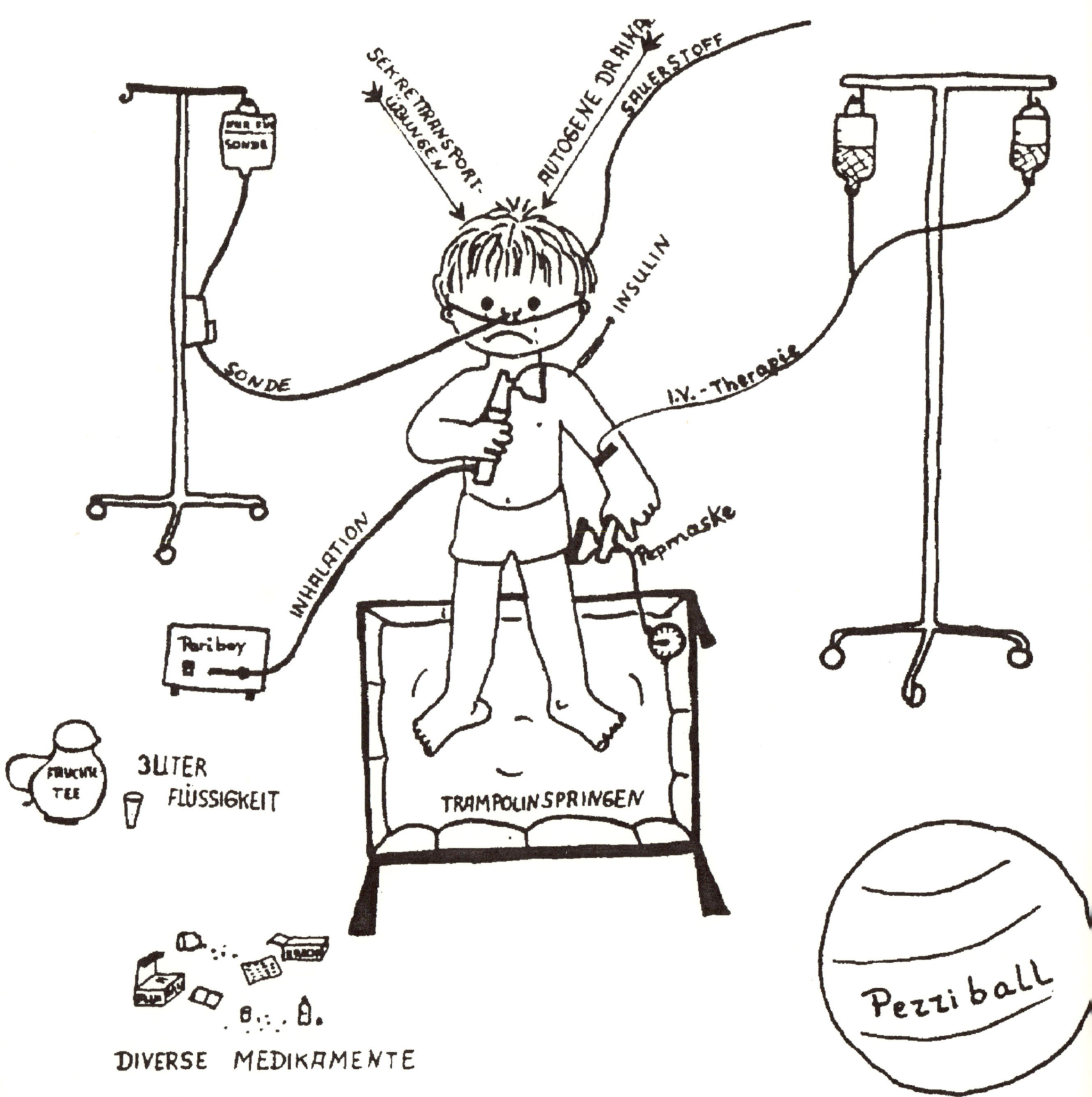

Susanne Petersen

# Christoph

Es ist Herbst. Wir gehen zusammen den Berg hoch zur Schule. Ich trage Christophs Tasche. Ich trage sie jeden Tag. Gehen – stehenbleiben – gehen. Der Schulweg zieht sich in die Länge.

'Geh doch vor!' stößt Christoph atemlos hervor.

'Nee,' sage ich, 'ich gehe lieber langsam und mit dir!'

Dann kommt die Treppe. Erst der Berg und dann die Treppe, das muß ein Alptraum für ihn sein. Ich hebe meinen Bruder hoch und trage ihn hinauf. Er ist ein Fliegengewicht und viel zu klein für sein Alter.

'Laß mich sofort los!' schimpft er schnaufend.

Ich lasse ihn los, aber erst als wir oben sind. Christoph hockt sich hin, mitten in der Kälte.

'Geh doch endlich!' Er blitzt mich wütend an und ringt immer noch nach Luft. Es ist besser, ihn jetzt wirklich allein zu lassen.

Gestern habe ich ihn bis zum Schulportal getragen. Da hat er geweint vor Wut. Ich habe nicht gewußt, was ich machen soll. Einerseits hatte ich ein schlechtes Gewissen. Natürlich war es ihm entsetzlich peinlich, getragen zu werden. Mit fünfzehn! Andererseits eignet sich das Herbstwetter nicht im geringsten zum Hinhocken, wenn man nicht krank werden will.

'Krank werden' ist gut. Mein Bruder ist krank! Mukoviszidose heißt die Krankheit. Sie wird vererbt. Man kriegt sie sozusagen mit in die Wiege gelegt, als unwillkommene Zugabe. Ich muß sagen, diese Krankheit hat es in sich. Die Drüsen arbeiten nicht normal und verstopfen mit einem zähflüssigen Schleim. Zuerst die Bauchspeicheldrüse und die Verdauung klappt nicht mehr. Das Hauptproblem ist die verstopfte Lunge. Der zähe Schleim, der dort produziert wird, ist das gefundene Fressen für alle möglichen Bakterien. Die Folge davon ist eine Lugenentzündung nach der anderen, die das Lungengewebe zerstört... Die Luft wird knapp. Zum Glück geht das alles nicht von heute auf morgen. Bei einem geht's schneller, beim anderen langsamer. Ich habe auch Mukoviszidose und bin schon achtzehn. Verglichen mit meinem Bruder geht es mir super!

Doch zurück zu Christoph. Ich lasse ihn sitzen und gehe zur Schule rein. Wie die Dinge stehen, sollte ich mal meinen Eltern sagen, daß Christoph den Schulberg nicht mehr schafft. Er selbst gibt in dieser Hinsicht bestimmt kein Wort von sich. Das ist nämlich so eine Sache. Wir möchten unsere Eltern nicht unnütz aufregen. Sie sind immer mehr in Sorge um uns.

In der großen Pause mache ich mich sofort auf den Weg zur 8a. Ich öffne die Tür und sehe, Christoph sitzt wie üblich auf der Fensterbank und guckt auf den Schulhof. Also hat er die morgendliche Anstrengung doch ganz gut überlebt!

'Hey!' begrüßt er mich, 'willst du einen Salino oder lieber einen Weingummismile!'

165

*Ich nehme den Salino. Christoph hat seine zuckersüßen Reichtümer von meiner Mutter zugesteckt bekommen, in der Hoffnung, daß sie ihn dicker machen. Das tun sie aber nicht. Die meisten Süßigkeiten verschenkt Christoph nämlich. Er ist sehr freigiebig. Ich weiß nicht, ob er sich überhaupt viel aus Süßigkeiten macht. Ich bin dagegen sehr vernascht und liebe diese heimliche Quelle sehr. 'Na,' frage ich kauend, 'wie geht's dir?'*

*'Ich habe in Englisch eine vier!'*
*sagt Christoph.*
*'Mach dir nichts draus, besser als eine fünf!' finde ich.*
*'Ich mach mir auch nichts draus, solange Vati das genauso sieht!'*
*meint Christoph.*
*Ich weiß nicht, ob mein Vater das genauso sehen wird.*

*Heute morgen sind Christoph und meine Eltern ins Krankenhaus gefahren. Er hat Fieber und kriegt noch schlechter Luft. Wahrscheinlich bekommt er eine I.V. Therapie. Ich hatte noch nie eine. Wenn ich mir das angucke, mag ich auch gerne noch eine ganze Weile darauf verzichten!*
*Ich bin alleine zur Schule gewetzt. Wirklich gewetzt. Ich hätte bei dem häuslichen Trubel beinahe den Bus verpaßt. Im Bus fiel mir siedendheiß ein, daß ich meine Lateinvokabeln noch lernen mußte. Zum Glück konnte sich Dr. S. dazu herablassen, die Vokabeln nicht abzufragen. Er ist sonst ein Untier. Einmal hat er zu mir gesagt: 'Wenn Sie etwas sagen und es ist dazu noch richtig, dann weiß ich, daß die Antwort von Ihrer Nachbarin stammt!' Das hätte er nicht sagen sollen. Das war beleidigend. Seitdem kann ich ihn noch weniger ausstehen. Meine Lateinklausuren sind dadurch nicht besser geworden. Dieses wiederum findet mein Vater sehr betrüblich. Für ihn scheint Latein eine wundervolle Sprache zu sein.*
*Nach der sechsten Stunde bin ich ins Sekretariat gegangen, die Hausaufgaben der 8a zu holen. Das ist so eine Sache bei uns: kranksein, o.k., aber die Schulaufgaben müssen trotzdem gemacht werden. Jedenfalls, wenn es irgend möglich ist.*

*Als ich nach Hause komme, sind sie schon wieder da. Meine Eltern. Christoph nicht, der ist wirklich in der Klinik geblieben. 'Na, und?' frage ich. Aber keiner der beiden hat Lust zu reden. Schließlich erbarmt sich mein Vater.*
*'Er hat auf beiden Seiten eine Lugenentzündung und liegt am Tropf. Außerdem bekommt er Sauerstoff,' sagt er knapp. Das mit dem Sauerstoff finde ich entsetzlich. Sauerstoff hört sich so nach Intensivstation und schrecklich an.*
*Nach dem Mittag beginnt meine Mutter für morgen vorzukochen. Sie fährt morgens in die Klinik und mir obliegt es, das Mittagessen warmzumachen und einkaufen zu gehen. Ich liebe Hausarbeit nicht sonderlich!*
*Als ich nach oben in mein Zimmer gehe, ruft sie mir nach: 'Vergiß nicht, zu inhalieren und Drainage zu machen!' – ich könnte sie würgen!*
*Das ist das fiese bei der Mukoviszidose. Sie ist nicht nur tödlich, sondern auch noch arbeitsintensiv. Erstens muß man inhalieren, damit der Schleim in der Lunge*

*flüssiger wird. Zweitens muß man hinterher Atemgymnastik und die autogene Drainage machen. Sie ist stinklangweilig, aber mit dieser besonderen Atemtechnik läßt sich ziemlich viel Schleim aus der Lunge herauskatapultieren. Und was nicht in der Lunge sitzt, kann dort keine Entzündung hervorrufen. Also opfert man notgedrungen die Stunden des Tages seiner Gesundheit.*

*Ich verkrieche mich in meinen alten Ledersessel und stricke. Stricken ist toll. Jedenfalls, wenn das Garn nicht so dünn ist.*

*Pünktlich um 15 Uhr steht meine Mutter an der Treppe und ruft 'Katharina, Kaffeetrinken!'*

*Das Erscheinen zum Kaffeetrinken ist bei uns ein Muß. Es lohnt sich nicht, darüber viele Worte zu verlieren. Alle Umerziehungsversuche bei meinen Eltern sind in diesem Punkt gescheitert. Aber es hat auch sein Gutes. Wir sitzen alle zusammen und haben Zeit, miteinander zu reden. 'Hast du Drainage gemacht?' fragt meine Mutter, noch bevor ich mich im Sessel breit machen kann. Sie hat ein ausgesprochenes Feingefühl dafür, wie sie mich auf hundertachtzig bringen kann. Das Schlimme ist, was sage ich nur, ohne zu lügen? Ich murmele erstmal: 'Hmm', was soviel wie ja oder nein bedeuten kann. Meine Mutter deutet leider richtig. 'Sag' mal, wie alt bist du eigentlich? Mit achtzehn sollte man doch schon vernünftig sein, daß man einsieht, wie wichtig die Therapie ist! Guck dir Christoph an.' Christoph, denke ich, der hat es auch nötiger als ich. Ich sage es aber lieber nicht laut.*

*Und dann wechselt zum Glück das Thema. Es geht jetzt darum, wer wann Christoph besucht. Morgen fährt meine Mutter, am Samstag fahre ich und am Sonntag wir alle.*

*Als ich abends im Bett liege, denke ich an Christoph. Es ist leer bei uns ohne ihn. Morgen will ich nach der Schule noch schnell in die Stadt gehen und irgend etwas für seine Eisenbahn kaufen. Christoph ist ein Eisenbahnfan. Er bastelt ständig an seiner elektrischen Eisenbahn herum. In seinem Zimmer hängen Plakate mit Ankunfts- und Abfahrtszeiten von der Bundesbahn als Wandschmuck. Bißchen eigenwillig schaut das schon aus. Aber wenn es ihm gefällt …*

*Nein, dieses Krankenhaus ist entsetzlich. Ich finde die Isolierstation nicht. Zwar waren Christoph und ich schon unzählige Male hier, aber die Isolierstation ist mir bisher unbekannt. Zuerst finde ich mich in einem langen, schmalen Gang wieder. Ein Schild verkündet, daß hinter den geschlossenen Türen Schlaf-EEG's stattfinden und man leise zu sein hat. Dann stehe ich vor der Intensivstation. Das 'I' ist schon richtig. Das gibt mir Hoffnung. Ein freundlicher Herr in Weiß kommt gerade aus der Tür und erklärt mir den direkten Weg. Es gibt doch nette Ärzte!*

*Christoph liegt in seinem Bett und schläft. Auf jeden Fall hat er die Augen zu, als ich durch das Glasfenster in seiner Tür schaue. Als ich sie aufmache, macht er sofort Anstalten, sich hinzusetzen.*

*'Ach, du!' begrüßt er mich.*

167

'Wieso ach, du? Wen hast du denn erwartet?' frage ich.

'Da kommen laufend Schwestern und Ärzte rein', sagt er, 'jedenfalls wenn ich schlafen will!'

Christoph sitzt nun in seinem Bett, es fällt ihm schwer; er sieht ziemlich krank aus. Unter seiner Nase hängt eine Sauerstoffbrille. Der Schlauch ist mit einem Schalter an der Wand verbunden. Sein rechter Arm ist geschient. Das sieht fast so aus, als wäre er gebrochen, wenn nicht der dünne Schlauch wäre, der zu einem Tropf führt.

'Na, wie geht es dir?' frage ich.

'Gut', sagt er. Das sagt er immer.

'Erzähl doch mal, was sie hier mit dir alles so machen!'

'Hab ich schon alles Mutti und Vati erzählt!'

Und was haben sie heute gemacht?'

'Nichts. Ist ja Wochenende.'

'Und wie sind die Schwestern?'

'Nett.'

'Oh Mann, Christoph! Du bist heute wahnsinnig gesprächig!' sage ich und merke, wie schwach seine Kräfte sind. 'Kannst du mir nicht was vorlesen?' fragt er, 'Mutti liest mir immer vor. Dann brauch ich nicht so viel reden!' Er holt 'Karlsson vom Dach' von seinem Nachttisch. Ich mache es mir möglichst bequem auf meinem Plastikstuhl und beginne zu lesen. Bei der vierten Seite ist Christoph eingeschlafen. Da sitze ich nun und bewache meinen schlafenden Bruder.

Eine Schwester guckt durch die Tür, aber sie kommt nicht rein. Ich lächle sie freundlich an und sie nickt kurz zurück. Wenn ich aufstehe und durch das Fenster sehe, kann ich die Babys im nächsten Zimmer beobachten. Eigentlich sind die Zimmer wie kleine Glashäuschen, weil an jeder Seite große Glasfenster sind.

Plötzlich donnert jemand zur Tür rein. Ich zucke zusammen. Christoph sitzt wieder kerzengerade im Bett. Es ist die Ärztin.

'Dann woll'n wir mal!' sagt sie und macht sich an Christophs Arm zu schaffen und setzt eine Spritze an die Kanüle.

'Aber nicht so schnell!' fleht Christoph mit einem gequälten Lächen. 'Ich spritze immer langsam!' sagt die Ärztin.

Man sieht, daß Christoph Angst hat. Aber er gibt keinen Ton von sich. 'War's schlimm?' fragt die Ärztin hinterher.

'Nein', antwortet Christoph. Und nach einer Weile kommt noch 'Vielen Dank auch!'

Das hat die Ärztin nicht mehr gehört. Sie ist schon aus dem Zimmer gewitscht.

'Sag mal, hat's wirklich nicht weh getan?' frage ich zweifelnd. Irgendwie hat Christoph während der Prozedur sehr verzerrt ausgesehen.

'Doch.'

'Das versteh ich nicht. Du sagst der Ärztin, es war nicht schlimm, und dabei hat es doch wehgetan?'

'Erstens brennt das Zeug immer und zweitens wird sie leicht sauer, wenn ich was sage.'

'Du sagst also grundsätzlich, daß es nicht schlimm war?'

'Naja, nur solange ich's aushalte.'

'Und wenn du's nicht aushältst?'

'Dann sage ich, daß der Tropf nicht mehr gut sitzt und die Vene hinüber ist. Und dann guckt sich die Ärztin den Arm an und findet meistens, daß man gar nichts sieht und der Tropf folglich ganz in Ordnung sei. Und dann sagt sie, 'Fortum' sei ein Mittel, was die Venen reizt. Da täte das Einspritzen immer ein bißchen weh. Das müsse ich aushalten!'

Mir fällt nichts ein, was ich dazu sagen könnte.

'Weißt du', sagt Christoph, 'die Ärztin kann nicht stechen. Die stellt sich schon beim Blutabnehmen duselig an. Die hat bestimmt Angst, daß sie in die Verlegenheit kommen kann, mir den Tropf neu legen zu müssen. Aber sie tut so arrogant. Deshalb mag ich sie nicht besonders!'

Eine Schwester erscheint an der Tür. 'Oh, Schwester Heidrun!' strahlt Christoph. Kaum geht die Tür auf, erklärt er stolz: 'Das ist meine Schwester!' Damit meint er mich.

'Da hast du ja nette Gesellschaft!' sagt Schwester Heidrun. Sie sieht freundlich aus und scheint noch ziemlich jung zu sein. 'Eigentlich komme ich, um dich zu fragen, was du zum Abendbrot möchtest!'

'Grießbrei!' sagt Christoph, ohne viel nachzudenken.

'Na, da hätte ich ja drauf wetten können!' lacht Schwester Heidrun, 'Sonst alles okay?'

'Hmm', antwortet Christoph, 'alles bestens!'

Dann geht Schwester Heidrun wieder.

'Meine Lieblingsschwester', gesteht Christoph, als wir wieder allein sind. Der kurze Schlaf vorhin scheint ihm richtig gut getan zu haben. Aus dem wortkargen Muffel ist ein aufgekratzter Sonnyboy geworden. Das finde ich sehr beruhigend. Ich sehe auf die Uhr. Der Zug fährt bald, ich muß gehen. Winkend schaut mir Christoph nach.

Es ist schön, einen gutgelaunten Bruder zurückzulassen...

Susanne Petersen †
(Auszüge aus einem begonnenen Buch)

SO, 27.6.93

Mein Name ist Monika Bevers und ich wohne in Nordkirchen im Münsterland. Ich bin 39 Jahre alt und bekam vor etwa drei Jahren die Diagnose "Mukovis= zidose". Da bei mir nur ein Chromosom die CF-spezifische Veränderung aufweist, machten sich erste krankheitszeichen ^(cerst) merkbar als ich 20 Jahre alt war. Das ging etwa 8 Jahre recht gut, bis ich 1982 so schwer erkrankte, daß ich meinen Be= ruf als Redaktionssekretärin nicht mehr ausüben konnte. Seit 1985 bekomme ich Rente. In den letzten 5-6 Jahren war ich oft für einige Monate auf Teneriffa, weil ich in dem Klima besser leben konnte. Seit Ende letzten Jahres nun muß ich mich mit dem Gedanken an eine Lungentranspl. beschäftigen. Die Entscheidung fällt mir sehr schwer und es ist auch nicht einfach, neben diesen ^(normales) Problemen sein Leben weiterzuführen. Aber ich bin nicht allein. Man hat Helfer und Mitstreiter auf diesem Weg, so u.a. die bereits Transplantierten, die mich sehr beeindruckt haben. //

So, ich hoffe, das ist nicht zu lang!
Ich hätte da eventuell noch ein Thema.
Und zwar mein "Verhältnis" zum Roll=
stuhl. Über Akzeptanz, Vorurteile, Vor=
teile usw. Was mich dazu brachte, ihn
in gewissen Situationen zu nutzen. Bei
Gelegenheit schreib ich's mal. Kannst
ja dann sehen, ob es brauchbar ist.
Also, bis dann

liebe Grüße

MO, 7.6.93

Da ich die Voraussetzungen für eine
läng. Transp. erfülle, mich aber noch
nicht zu einem definitiven "Ja" ent=
schließen kann, besuchte ich mit meiner
Mutter das o.g. Seminar. Es war gut
organisiert - sei es in Bezug auf die
Umgebung wie Hotel ü, Tagungsraum
+ Verpflegung sowie auf die Referenten.
~~Auch~~ Die Teilnehmer waren recht unterschiedlich. Hierdurch hatte ich die Möglichkeit, ~~Einblicke in~~ andere Krank-
heitsverläufe ~~zu bekommen~~ kennenzulernen. Zum Thema
selbst gab es bekanntes und neues zu
erfahren. Am eindrucksvollsten war für
mich allerdings, daß ich Einblicke nehmen
konnte in die Gedanken, Gefühle, Ängste

172

und Träume der Teilnehmer. Daraus
habe ich viel erfahren. Vor allem, daß
nicht nur ich allein dieses Problem be=
wältigen muß, sondern viele andere
auch. Eindrucksvoll war auch das zu=
sammentreffen mit bereits transplantier=
ten Patienten. Sehr dankbar bin ich für
ihre Bereitschaft, die persönlichen Erleb=
nisse mitzuteilen und so anderen
wirkungsvoll zu helfen. Hierbei stand die
medizinisch/technische Seite der OP im
Vordergrund der Gespräche, denn für
eine Vertiefung über psychische Aspekte
fehlte leider die Zeit. Fazit: Jedem,
der in Zukunft, und sei sie auch
noch fern, für eine Transplant. in
Frage kommen könnte, kann ich nur
empfehlen, an einem derartigen Semi=
nar teilzunehmen. Und das rechtzei=
tig. Für eine Entscheidung benötigt man
meistens Zeit und dann ist es gut,
wenn man diese Zeit noch hat und
nicht unter großen Druck gerät.

So jedenfalls bei mir.

Viele Grüße
Monika Berns

173

# Provokant

*Wirklich Therapiemethode?*
*Mit großem Interesse habe ich – auch als Nichtschweizer – den Beitrag in Ihrer Diskussionsrunde gelesen. Als Erwachsener, der CF hat und durch seine Tätigkeit im Vorstand der deutschen CF-Selbsthilfe Kontakt zu etlichen Jugendlichen, Erwachsenen und Eltern hat, möchte ich hier einige Fragen formulieren. Manches mag überspitzt erscheinen, aber zur Diskussion geeignet sein.*

*1. Ist es wirklich gerechtfertigt, die Organtransplantation als „Therapiemethode" zu bezeichnen? Zum einen wird hier eine Methode, die für kaum einen CF-Patienten verfügbar ist (verglichen mit der Zahl der CF-Patienten, die alljährlich sterben), mit anderen Therapiemethoden auf eine Stufe gestellt. Fast klingt es so, als wenn Physiotherapie demnächst durch Organtransplantation ersetzt werden könnte. Zum anderen haben Transplantierte auch nach der HLTX weiterhin CF, u.a. in der Bauchspeicheldrüse. Bezogen auf die Lunge wird nur eine intensive Therapie (der CF) durch eine noch intensivere ersetzt.*

*2. Steckt hinter der Diskussion um die HLTX nicht mehr die Unfähigkeit des Menschen, seinen Tod zu akzeptieren? Und bei den Eltern vielleicht auch die Schwierigkeit, die Trennung von den Kindern – egal wie alt – zu verarbeiten?*

*3. Muß wirklich jeder sich mit der HLTX auseinandersetzen? Ist es nicht vielmehr eine persönliche Entscheidung, die jetzige Diskussion für sich zu bewerten und dann zu entscheiden, inwiefern aufgezeigte Wege für einen selbst gangbar sind?*

*4. Warum wird der Wertgehalt eines Lebens – mehr oder weniger unterschwellig – immer mit der Lebenserwartung identifiziert? Ist nicht die Qualität des Lebens das entscheidende? Also das „wie?" und nicht das rein mathematische „wie lange?"? Ob die Organtransplantation dann so ausschließlich, wie im Beitrag suggeriert, dem Leben dient, sei dahingestellt.*

*5. Fehlen nicht irgendwann Gelder, z.B. um neue Physiotherapiemethoden zu erproben, die das Leben der jetzigen CF-Patienten lebenswert machen, wenn zukünftig viel Geld in den Aufbau von Organtransplantationsambulanzen gesteckt wird?*

*6. Nehme ich einem CF-Patienten, dem es gesundheitlich sehr schlecht geht, nicht durch die Diskussion um eine HLTX die Möglichkeit, sich auf seinen Tod vorzubereiten? Ist nicht der Weg, diese Zeit der Vorbereitung bewußt erleben zu wollen und eine Einstellung zum Ende dieses Lebens hier finden zu wollen, genauso akzeptabel?*

*Thomas Malenke*

# Die Herz-Lungen-Transplantation

## Erfahrungsbericht eines transplantierten Mukoviszidose-Patienten

Zur Herz-Lungen-Transplantation (im folgenden mit HLTX abgekürzt) wurde auf der Jahrestagung in Essen schon ausführlich informiert, anschließend nochmal in der Mukoviszidose-Aktuell 3/1991. Das waren Stellungnahmen von Ärzten und Medizinern, die eigentlich sehr umfassend und zutreffend waren und denen ich von Hannoverscher Seite auch nichts weiter hinzuzufügen habe (was als Nicht-Mediziner ja auch nicht meine Aufgabe ist). Lediglich zu dem Punkt der Kontraindikationen möchte ich kurz etwas sagen, also das bisher Gesagte etwas relativieren.

• Ein Insulin-pflichtiger Diabetes ist in aller Regel keine Kontraindikation mehr. Ich selbst habe einen solchen schon einige Zeit vor meiner Transplantation gehabt und bin nicht nur in Hannover auf der Warteliste akzeptiert worden, sondern man hätte mich damals auch in London aufgenommen, wo ich zunächst zur Vorstellung gewesen bin.

• Schwere Leberschäden sind natürlich eine Kontraindikation. Wann jedoch ein Leberschaden in diesem Sinne schwer ist, muß der behandelnde Arzt im Einzelfall beurteilen. Denn kleinere Beeinträchtigungen der Leberfunktion müssen noch nicht unbedingt eine Gegenindikation zur HLTX sein.

• „Selbst in den OP gehen können" – ein schöner Satz! Ich hätte damals nicht selbst in den OP gehen können, und dennoch hätte es postoperativ bei mir wohl kaum besser laufen können. Natürlich kann sich ein guter (Ernährungs-)Zustand nur positiv auf eine schwere Operation auswirken. Aber oft nutzt ja alle Mühe nichts – sonst würde man sich ja auch nicht transplantieren lassen wollen! Und daß auch beim weitgehend entkräfteten Patienten noch (die nötigen) Kraftreserven vorhanden sind, habe ich nicht nur in meinem Fall beobachten können.

• Größere operative Eingriffe an der Lunge können auch eine Kontraindikation sein. Das heißt wiederum nicht, daß alle Patienten, die schon Pneus (Anm. d. R. Pneumothorax = Lungenriß) gehabt haben, die zum Teil vielleicht auch schon verklebt wurden, und daß Patienten mit einer Lungenlappenresektion grundsätzlich als Kandidaten für eine HLTX ausscheiden. Auch hier muß im Einzelfall mit dem behandelnden Arzt entschieden werden.

• Ich möchte kurz auf meine Geschichte eingehen: Bis 1985 ging es mir bei bis zu zwei Stunden Therapie pro Tag recht gut. Ich konnte mit einem entsprechenden Therapieaufwand meinen Gesundheitszustand kontrollieren. Dann bekam ich plötzlich einen starken Bronchospasmus, konnte die Lunge entsprechend schlechter belüften und das Sekret nur noch mühevoll mobilisieren. In der Folgezeit schlossen sich immer häufigere und schwere Lungenentzündungen an, die Bronchien waren bald chronisch entzündet, außerdem entwickelte ich eine Form von Allergie ausgerechnet gegen Pseudomonaskeime! Obwohl ich einerseits also in einem sehr guten CF-Zentrum behandelt wurde und andererseits von mir aus alle Therapiemöglichkeiten ausschöpfte (zum Schluß vier bis fünf Stunden am Tag), verschlechterte sich mein Zustand immer weiter, so daß die Lunge Ende 1988 fast völlig zerstört war. Nachdem ich ein knappes Jahr Zeit hatte, mich mit der HLTX zu beschäftigen und – nicht zuletzt mit der wertvollen Hilfe des Hannoverschen Psychologen-Teams – auf sie vorzubereiten, bin ich dann am 4.12.1988 transplantiert worden. Schon nach 26 Tagen, pünktlich zu Sylvester, konnte ich bereits nach Hause entlassen werden. Ich hatte insgesamt einen sehr glücklichen und guten postoperativen Verlauf, mußte anfangs jede Woche zu den ambulanten Nachsorgeuntersuchungen; mittlerweile habe ich Abstände von sechs bis acht Wochen. Ungefähr sieben Wochen nach meiner Operation fing ich wieder an zu joggen. Weitere sieben Wochen später konnte ich wieder im Hochgebirge Ski fahren.

Heute geht es mir sehr gut. Ich habe praktisch keine Einschränkungen, habe mittlerweile eigentlich auch keinerlei Therapie mehr zu machen. Allerdings lebe ich mit der Unsicherheit eines erhöhten Infektionsrisikos (wegen der starken Medikamente gegen die Abstoßung), der Toxizität (Giftigkeit) der Medikamente und der Ungewißheit, wie lange die neuen Organe funktionieren.
505 Tage nach mir ist der nächste CF-Patient in Hannover transplantiert worden. Auch diese 28jährige Patientin war völlig entkräftet, hätte nicht „alleine in den OP gehen" können, aber auch sie konnte nach vier Wochen aus der stationären Behandlung entlassen werden. Meine Absicht ist aber nun nicht, an dieser Stelle übermäßig für die HLTX zu werben. Abgesehen davon, daß es auch postoperative Verläufe gibt, die nicht so glücklich und schön sind wie meiner und auch abgesehen davon, daß die Lebenserwartung mit den fremden Organen und den starken Medikamenten zwar nicht grundsätzlich kurz bzw. eingeschränkt ist, aber doch sehr ungewiß; abgesehen davon warten zur Zeit (Stand 1992) in Hannover ca. 30 Patienten auf eine Lungen- bzw. Herz-Lungen-Transplantation. Nun, von Mitte April bis Mitte Juni haben sechs Transplantationen mit Lungen-„Beteiligung" stattgefunden, aber von Mitte Januar bis Mitte April z.B. keine. Und die 30 Patienten, die zur Zeit in Hannover auf der Warteliste stehen – darunter auch einige CF-Patienten –, denen geht's zum überwiegenden Teil sehr schlecht. Das sind in aller Regel Patienten, die den ganzen Tag im Bett sitzen und Sauerstoff nehmen.
Also, die Frage lautet nun: „Wann ist der richtige Zeitpunkt, sich für eine Transplantation zu entscheiden?" Der Mediziner sagt hierzu: „Der lebensbedrohliche Zustand des Patienten trotz bzw. bei Ausschöpfung aller therapeutischen Maßnahmen. Oder auch, in besagter Stunde „die voraussichtlich geringere Le-

benserwartung als drei Jahre", da dies die Lebenserwartung ist, die man einem Transplantierten zunächst einmal einräumt, wenn er drei postoperative Monate überstanden hat. Das sagt also der Arzt, wenn er gefragt wird – und es ist nicht mehr als eine Empfehlung. Mag gut sein, daß diese dem einen oder anderen gar nicht weiterhilft. Er ist in einem sehr schlechten Zustand, „erfüllt" die ärztlichen Kriterien und zögert dennoch, weil er vielleicht noch positive Lebensinhalte und eine gewisse Lebensqualität hat. Und dann ist es auch tatsächlich schwer, sich für die Transplantation zu entscheiden und vielleicht soll es dann auch noch nicht sein. In meinem Fall war es so, daß ich zuletzt vier bis fünf Stunden Therapie pro Tag machen mußte und den Rest des Tages dafür brauchte, mich zu erholen und neue Kräfte für die nächste Therapiesitzung zu sammeln. Ich hatte keine Lebensqualität mehr. Es war kein Leben mehr, sondern nur noch Überleben. Von daher drängte sich mir der Entschluß auf, ich benötigte für meine Entscheidung nicht viel Mut, und es war nur zwischen zwei Dingen zu unterscheiden: Transplantation oder vielleicht nur noch maximal einige wenige Monate zu (über-)leben. Wenn ich heute von zögernden Patienten nach Entscheidungshilfen gefragt werde, sage ich in der Regel, daß man dies eigentlich immer selbst spüren kann. Man stellt innerlich selbst eine Bilanz auf: Was habe ich (noch) an Lebensqualität, was kann ich noch tun und was muß ich dafür (an Therapie) leisten? Dies ist mehr ein unbewußter Vorgang: Wenn ich einfach zu viel tun muß, wenn ich nichts mehr „rausbekomme", also einfach eine negative Bilanz erhalte, dann fühle ich das irgendwie von ganz alleine. Und diese Erkenntnis ist schließlich auch das, woraus dann der Wille entspringt, der Wille zur Operation und durch die Operation durchzugehen. Der Wille, der dann auch bei den völlig entkräfteten Patienten die Kräfte freisetzt, die nötig sind, um die ersten schweren Tage der Intensivmedizin gut zu überstehen. Auch ein Punkt, den ich allen Patienten sage: „Daß eine lange, schwere Krankheitsphase die beste Vorbereitung für die HLTX ist". Man ist krankheits- und leiderfahren, man kann mit starken körperlichen Einschränkungen umgehen und langsam kristallisiert sich ein immer stärkerer Überlebenswille heraus, der dann zum „Ja, ich will", zur Operation führt.

Es hat schon Patienten bzw. Eltern von Patienten gegeben, die nach Hannover zur Vorstellung bezüglich der Transplantation gekommen sind, die sagten, sie könnten es nicht ertragen, wenn sie bzw. ihr Kind Sauerstoff nehmen müßten. Ganz abgesehen davon, daß dies kein Chirurg der Welt als Indikation zur HLTX akzeptieren würde, frage ich mich, wie ein solcher Patient drei Tage Intensivstation (psychisch) überstehen soll?!

Zusammenfassung: Die Herz-Lungen-Transplantation ist eine Maßnahme, die für eine unbestimmte Zeit eine überragende Lebensqualität wiederherstellen kann. Angesichts der medizinischen Indikation (lebensbedrohlicher Zustand s.o.) und der Tatsache, daß wenig Spenderorgane vielen Patienten gegenüberstehen, die auf eine Transplantation warten, muß man sie sich allerdings erst „verdienen".

*Und verdienen meint, daß man alle Krankheitsstadien durchläuft und das Letzte, das Schwerste, ist dann dasjenige, welches einen schließlich qualifiziert. Man ist genügend krankheits- und leiderfahren, aus dem (unbewußten) Bilanzieren mag dann der Wille entspringen, der für die schwere Operation auch erforderlich ist und die nötigen Kräfte freisetzt.*

*Also: Ich möchte empfehlen, möchte dafür werben, die Herz-Lungen-Transplantation wie ein Netz, quasi als letzte Sicherung zu betrachten: Wenn nach aller Anstrengung nichts mehr hilft, spüre ich irgendwann, daß der richtige Zeitpunkt zur Entscheidung gekommen ist, und dann bin ich auch psychisch darauf vorbereitet und in jeder Hinsicht qualifiziert.*

*Michael Hohmeyer*

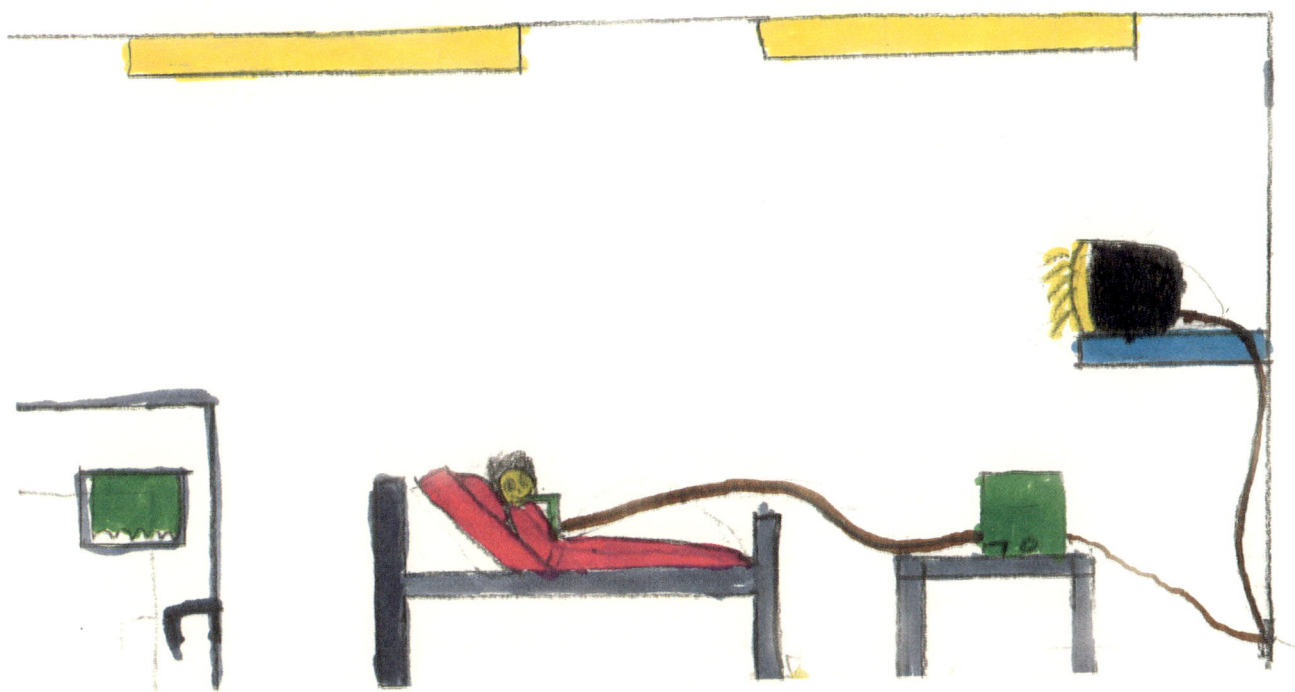

179

## Die Herz-Lungen-Transplantation

### Organtransplantation aus der Sicht eines betroffenen Vaters

*Im Laufe des vergangenen Jahres bin ich verschiedentlich auf die Thematik der Organtransplantation bei Cystischer Fibrose angesprochen worden. Nachfragen bei Spitälern, Ärzten, anderen Organisationen und auch im Ausland haben meine anfängliche Unwissenheit behoben. Zurück blieb ein gewisses Unbehagen darüber, daß wir hier in der Schweiz nicht recht vorankommen.*

*Abgesehen vom lückenhaften Informationsstand der Entscheidungsträger (Öffentlichkeit, Behörden, Ärzte und nicht zuletzt CF-Betroffene), scheint mir der wesentlichste Grund hierfür die mangelnde Bereitschaft zu sein, die Organtransplantationen als "die Therapiemethode" zu akzeptieren.*

*Als betroffener Vater und als Laie kann und will ich nicht über die medizinischen und organisatorischen Aspekte einer Organtransplantation sprechen, obschon mir bewußt ist, daß auch hier noch vieles zu tun ist. Nein, ich will, als Einstieg in die Diskussion, den ethischen Aspekt, wie ich ihn empfinde, darlegen.*

*"Ethik" bedeutet für mich die Frage, ob etwas "vernunftgemäß" oder "sittlich richtig" ist.*

*Somit stellt sich die Frage: Ist, beim heutigen Stand der Medizin, eine Organtransplantation bei CF-Betroffenen vernünftig und sittlich richtig?*

*Wenn ja, so muß jeder, der irgendwie als Entscheidungsträger in diesem Zusammenhang auftreten kann (Organempfänger, Spender, Arzt, Angehörige usw.) bereit sein, sich mit dem Thema auseinanderzusetzen.*

*Unzweifelhaft an erster Stelle steht die Motivation der CF-Betroffenen als Organempfänger selber. Es ist heute eine Tatsache, daß die Organtransplantation für CF-Betroffene in einem gewissen Krankheitsstadium die einzige Möglichkeit darstellt, die Lebenserwartung zu erhöhen. Die Erfahrungen im Ausland in den vergangenen Jahren haben gezeigt, daß zwei Drittel der transplantierten Patienten länger als fünf Jahre nach der Operation noch lebten. Man kann also wirklich sagen, daß die Organtransplantation, unter Berücksichtigung aller medizinischen Risiken, dem Leben dient und kalkulierbar ist, und damit ist sie für mich vernünftig.*

*Die Rolle des Organspenders sehe ich darin, nach seinem Tode Leben zu retten. Es ist für ihn eine Chance, menschliche Solidarität gegenüber kranken Mitmenschen zu zeigen und Verantwortung zu übernehmen. Unter dem Aspekt der Menschenwürde darf diese Chance aber nur als freiwilliger Entscheid zur Organspende zu Lebzeiten oder aber – nach dem Ableben – durch Zustimmung der Angehörigen statthaben. Dadurch wird die Familie als Entscheidungsträger gestärkt, und – was das Wesentlichste ist – die Unversehrtheit des Leibes und der Respekt vor dem Leben bleiben unangetastet.*

*Leander Schmidt*
*(Aus: CF-Bulletin 1/93)*

Essen, 25.6.87

Liebe Simone!

Heute hab' ich Deine Karte erhalten und muß Dir sagen, daß ich die Idee, dem Peter etwas von mir zu sagen, einfach super fand. Prompt kam auch gestern ein lieber Brief von ihm an. Ich fand's einfach wunderbar; war echt 'ne Überraschung.

Leider muß ich Dir sagen, daß es mir noch nicht viel besser geht. Die Antibiotika laufen über einen Venenkatheder, der von der Halsschlagader bis zum Herzen geht. Das Schlauchende ist am Hals festgenäht. Zu meinem Infekt kommt hinzu, daß sie bei mir Asthma festgestellt haben. Das konnte sich durch den Eingriff an der Lunge voll entwickeln. Das ganze Bronchialsystem ist dadurch extrem gereizt worden und will sich gar nicht mehr beruhigen. Neben Muco werde ich also Medikamente aus noch nur ein Asthmatiker behandelt: Brikanyl, Sultanol, Euphylong, Theophyllin und natürlich Cortison-Spritzen; und davon nicht gerade wenig. Ist mir alles egal geworden, hauptsache ich kriege Luft. Wenn dann auch noch ein nicht enden wollender Husten-anfall kommt, bricht das ganze Atemsystem total zusammen und man weiß oft nicht, wie man die nächsten Sekunden überleben soll. Es ist furchtbar, sag' ich Dir.

Hier ist überhaupt so einiges los. Ein 2jähriger mit Aids, ein dreijähriger mit Krebs.... usw. Es ist schon schlimm, was es alles so gibt. Tag und Nacht hört man die Sirenen von Rettungs- und Krankenwagen, während weg landen und starten Hubschrauber.

181

Im Moment kann ich Dir überhaupt nur so wenig schreiben, weil ich 'ne Tablette gegen den irrsinnigen Husten geknackt haben, wo ein bißchen Morphium drin ist, und 'ne Hohe Dosis Sultanol.
Tja, so sieht's aus im Moment bei mir.
Wovor ich Angst habe, ist wieder einen Sommer in der Klinik und nicht zuhause verbringen zu müssen. Das wäre dann der 3. Sommer hintereinander.
Und diesmal dauert's lange, das fühle ich. Asthma dauert immer lange. Und Zuhause ist soweit weg für Besuch......
Scheiße!
Die Ärzte hier sind kluge, überlegende, nette Männer, die sich viel Sorgen und Mühen. Vor einer unüberlegten Handlung muß man sich hier nicht fürchten. Auch die Schwestern würden mir die Sterne vom Himmel holen, wenn's helfen würde. Ich kann mich also nicht beklagen. Und doch.......
Was würde ich dafür geben, diesen Sommer zuhause verbringen zu können.
So. Da kommt die nächste Spritze.
Simone, ich wünsche Dir und Manny alles nur erdenkliche Gute auf der Welt und das du gesund bleibst.
Tue was Du tun kannst und genieße die schönen Tage.
Schreib' hin und wieder mal. Auch Deiner Familie alles Gute.
         Und noch was, laß Dich von mir nicht runterziehen, hörst
Mario        Du? Nichts für Ungut!

*Geschenk eines Mukoviszidose-Patienten an Frau Herzog*

16.7.86

Liebe Simone!

Schnell noch ein paar Zeilen an Dich, bevor ich diese kleine, mir ~~schon zur~~ lieben 2. Heimat gewordene Klinik verlassen ~~mußte~~.
Aber nicht etwa, weil ich gesund bin;
Zwei Tage nach dem Eingriff unter Narkose hatte starke Atemprobleme, seit gestern schwer Atemnot.
Eine neue ~~Blut~~ Entzündung. Diesmal aber im Gewebe. d.h., daß man das nicht absaugen kann, weil es eben nicht in den Luftwegen ist.
Heute hat man mir gesagt, daß ich nach Essen in die Uni-Klinik muß. Dort gibt es Laboratorien, die es ermöglichen, jeden Tag die Keime zu bestimmen, die ich habe.
Ich sag' Dir; ich hab' vielleicht geheult!!!! Entschuldige jetzt also die Schrift, aber ich kann überhaupt kaum atmen
Alles Scheiße, Du! So, da kommen dünnt Sauerstoff.
Muß Schluß machen. Adresse kann ich Dir nicht geben. Weiß nur so viel:

Uni-Klinik Essen
Kinderklinik
Essen

Alles Liebe
Marie

P.S.: Vor 2 Wochen erhielt ich einen Gedichteband, aus dem mir einer am Besten gefallen hat. Falls es Dich interessiert:

Es gibt Zeiten im Leben,
in denen die Sonne untergeht.

Dann ist es wichtiger,
geduldig zu sein als tüchtig.
Dann ist es besser,
Schmerz ertragen zu können
als zu arbeiten

Dann ist es nötiger,
sich an andere zu freuen
als zu befehlen,

sinnvoller, die Einsamkeit zu
bestehen
als mitzureden.

Es sind die Zeiten,
in denen sich zeigt,
wer ich in Wahrheit bin.

*Marion Güttler †*

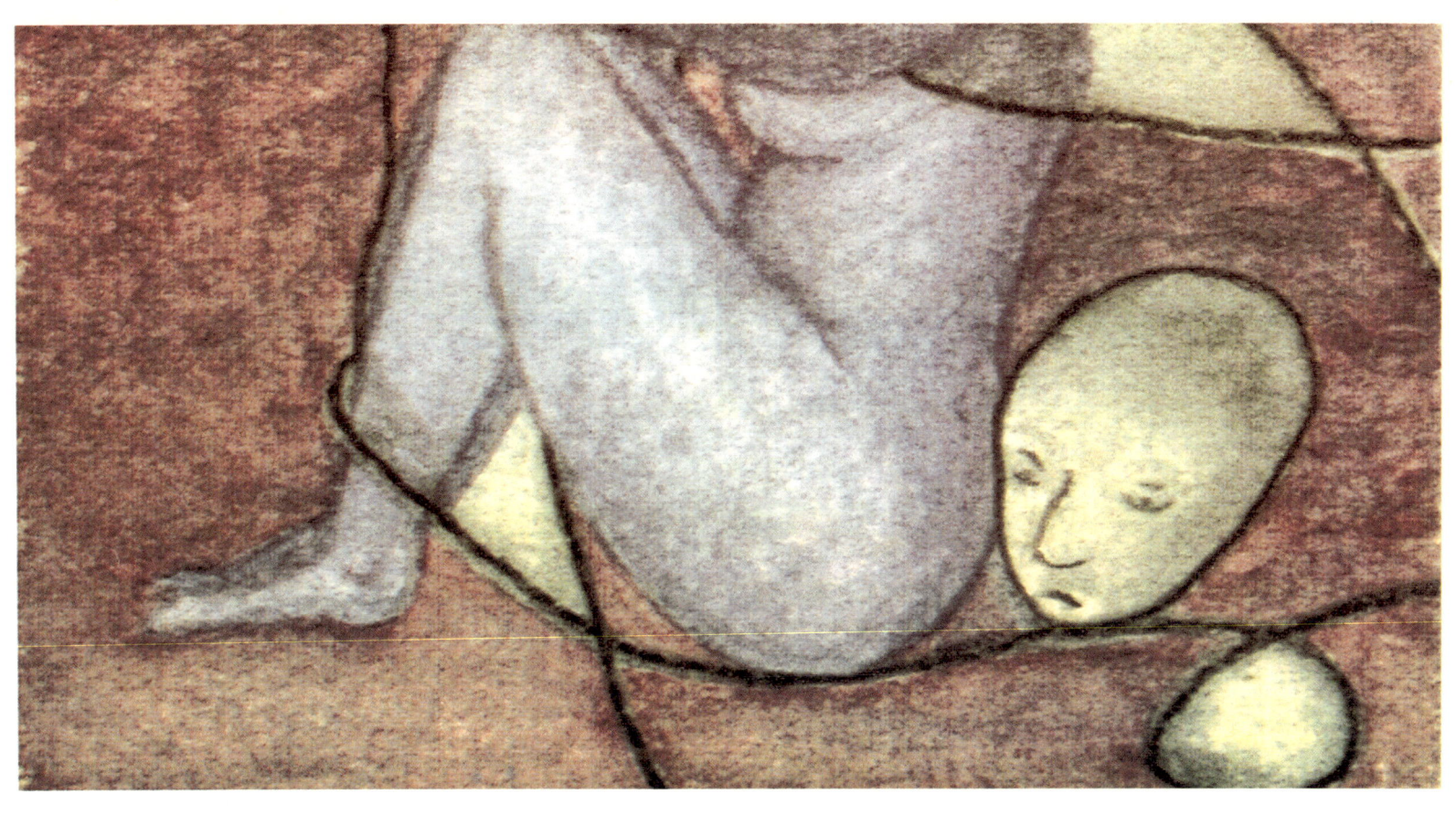

*Susanne Petersen*

Nicole Jurgasch 2/88

## Der Tod

Ich stand vor meinem eigenem Grab,
dort unten steht noch mein hölzerner Sarg,
in dem ich vor kurzem noch lag,
kurz bevor es geschah,
kurz bevor ich ihn sah.

Er stand plötzlich vor mir,
in seinen Augen las ich Gier,
er gierte nach mir.

Ich rannte, ohne einen Schritt zu tun,
ich schwebte,
ohne mich auszuruhen,
mein ganzer Körper bebte.

Er kam hinterher,
doch ich war schneller als er,
ich lief und lief hinab,
er brach die Verfolgung ab.

Nun steh' ich hier an meinem Ende,
da fall ich aufeinmal ganz behende,
ich weiß nicht mal wohin,
und ist es Ende oder Beginn?!

# Mukoviszidose aus ärztlicher Sicht

## Was ist Mukoviszidose?

Mukoviszidose (mukus = der Schleim, viscos = zäh: Erkrankung vom zähen Schleim) ist die häufigste vererbbare Stoffwechselerkrankung unserer Bevölkerung. Statistisch gesehen befindet sich unter 2500 Neugeborenen ein Kind mit Mukoviszidose. Jeder zwanzigste von uns ist Überträger des Erbmerkmals, ohne jedoch davon zu wissen. Menschen, die das Mukoviszidosegen nur von einem Elternteil geerbt haben, sind selbst gesund. Erst wenn das kranke Gen von beiden Eltern auf das Kind übertragen wird, wird es an Mukoviszidose erkranken. In Deutschland treffen sich zwei Genträger bei einer von 400 Ehen. In diesem Fall besteht für das Kind ein 25prozentiges Risiko, an Mukoviszidose zu erkranken.

Während das Krankheitsbild der Mukoviszidose schon seit den dreißiger Jahren bekannt ist, wurde erst 1989 die dafür verantwortliche Genmutation – also die Veränderung im Erbmaterial – auf dem Chromosom 7 gefunden. Diese winzige Veränderung im Erbmaterial führt zu einer Funktionsstörung aller schleimbildenden Drüsen; dazu gehören die Schweißdrüsen, die Speicheldrüsen, die Drüsen der Bronchien und des Magen-Darmtraktes, insbesondere die Bauchspeicheldrüse. Diese Drüsen produzieren im Krankheitsfall ein zu zähes Sekret, das in den verschiedenen Organen zu unterschiedlichen Störungen führen kann.

In den Bronchien kommt es zu Verstopfungen der Atemwege mit zähem Schleim. Das führt einerseits zu einer mechanischen Behinderung der Atmung, andererseits bildet dieser Schleim einen idealen Nährboden für Bakterien. Die Folge sind häufige Lungenentzündungen, die zu einer fortschreitenden Zerstörung des Lungengewebes führen können. Der chronische Husten, mit dem die Patienten versuchen, ihren Schleim loszuwerden, ist ein Hauptsymptom dieser Erkrankung.

Die Beschwerden im Magen-Darmtrakt entstehen hauptsächlich durch die Zähigkeit der Verdauungssäfte aus der Bauchspeicheldrüse. Durch die Verstopfung des Ausführungsganges der Bauchspeicheldrüse gelangt zu wenig von den Verdauungsenzymen in den Darm und führt dadurch zu Verdauungsstörungen, die sich in massigen, fettigen Durchfällen, Bauchschmerzen und mangelnder Gewichtszunahme zeigen. Die Bauchspeicheldrüse selbst wird durch die aufgestauten Verdauungssäfte angedaut und auf Dauer zerstört. Diese bindegewebige Umwandlung mit kleinen Hohlräumen nennt man auch Cystische Fibrose (CF). Daher kommt der zweite Name für die Erkrankung, der außerhalb des deutschen Sprachraumes benutzt wird.

Bisher ist Mukoviszidose nicht heilbar. Noch vor wenigen Jahrzehnten starben die Kinder meist im Kleinkindesalter. Heute erreichen immerhin über 30 Prozent der Patienten das Erwachsenenalter. Diese Lebensverlängerung läßt sich nur durch eine sehr intensive und für den Patienten sehr zeitaufwendige Therapie erreichen.

## Woran erkennt man Mukoviszidose?

In der Regel erscheinen Neugeborene gesund. Einige wenige leiden bereits kurz nach der Geburt an Verstopfung des Darmes mit zu zähem Stuhlgang (Mekoniumileus). Bei den meisten Patienten wird die Diagnose in den ersten Lebensjahren gestellt, weil sie durch mangelnde Gewichtszunahme, Durchfall oder chronischen Husten auffallen. Bei geringer Ausprägung wird die Erkrankung zum Teil auch erst im Jugendalter erkannt.

Zur Sicherung der Diagnose wird der Schweiß untersucht. Ein zu hoher Salzgehalt des Schweißes im Schweißtest beweist das Vorliegen der Erkrankung. Heute kann an Blutzellen eine Genanalyse durchgeführt werden, mit der man die genetische Veränderung direkt nachweisen kann. Hierdurch wird auch eine vorgeburtliche Diagnose durch Fruchtwasserpunktion in der Frühschwangerschaft möglich.

## Wie wird Mukoviszidose behandelt?

Noch ist Mukoviszidose unheilbar. Eine große Hoffnung für viele Patienten ist die Gentherapie, die jedoch zur Zeit noch in ferner Zukunft liegt. Bis dahin ist eine relativ aufwendige Therapie erforderlich, die jedoch nur die Symptome lindern und ein Fortschreiten der Erkrankung verzögern kann.

Diese Therapie stützt sich überwiegend auf drei Säulen:

**1. Atemtherapie:** Zur Verbesserung des Schleimtransportes in den Bronchien sind mehrmals täglich Inhalationen von Medikamenten notwendig. Sie erfolgen bei Kleinkindern kombiniert mit Kopfmassagen und Vibrationen des Brustkorbes, die von den Eltern durchgeführt werden. Ältere Kinder und erwachsene Patienten erlernen eine Selbstreinigungstechnik der Lunge, die autogene Drainage, die sie von Hilfspersonen unabhängig macht. Zusätzlich gibt es verschiedene Hilfsmittel zur Atemtherapie wie Gymnastikmatten und -bälle sowie Lagerungskeile und Blasgeräte, die das Säubern der Atemwege von dem zähen Schleim erleichtern.

Sport und regelmäßiges körperliches Training werden empfohlen, um die Atmung zu vertiefen sowie Herz und Kreislauf zu trainieren. Kuraufenthalte am Meer oder im Mittelgebirge können mit einem konsequenten Trainingsprogramm sowie durch Überprüfung und Verbesserung der krankengymnastischen Techniken zu einer Stabilisierung des Gesundheitszustandes beitragen.

**2. Antibiotikatherapie:** Zur Verhinderung von Infektionen der Bronchien und der Lunge sind häufige Antibiotikagaben erforderlich, da eine chronische Infektion zu einer fortschreitenden Zerstörung des Lungengewebes führt. Die Art der Antibiotikatherapie ist unterschiedlich und richtet sich danach, welche Bakterien in dem Bronchialschleim gefunden werden. Einige Patienten nehmen regelmäßig Antibiotika in Form von Saft oder Tabletten ein. Manche Antibiotika können auch mit dem Inhaliergerät vernebelt und eingeatmet werden.

Bei chronischer Infektion mit dem Pseudomonas-Bakterium müssen die Patienten mindestens zwei bis vier Mal im Jahr intravenöse Antibiotikatherapien durchführen. Dies ist jeweils mit einem zweiwöchigem, stationären Krankenhausaufenthalt verbunden. In den letzten Jahren werden jedoch immer mehr Möglichkeiten geboten, diese Therapie auch ambulant zu Hause durchzuführen. Zusätzlich werden in den letzten Jahren immer mehr Medikamente eingesetzt, welche die überschießende, körpereigene Abwehr gegen die chronische Bakterienbesiedelung unterdrücken sollen.

**3. Ernährungstherapie:** Vermeidung von Untergewicht und Mangelernährung ist nur durch eine sehr kalorien- und fettreiche Ernährung möglich, die mit der Gabe von Verdauungsenyzmen bei jeder Mahlzeit verbunden wird. Bei manchen Patienten sind dies alleine schon zwölf bis 15 Kapseln am Tag.

Um ihren erhöhten Kalorienbedarf auszugleichen, müssen Mukoviszidosepatienten in der Regel täglich etwa anderthalbmal so viel essen wie gesunde Gleichaltrige. Da sie aber häufig appetitlos sind, kann das zum Teil nur durch zusätzliche kalorienreiche „Astronautennahrung" erreicht werden, die bei manchen Patienten auch nachts über eine Magensonde zugeführt werden muß. Sie kann entweder durch die Nase in den Magen geschoben werden oder durch die Bauchdecke in den Magen eingepflanzt werden. Diese PEG-Sonden (perkutane endoskopische Gastrostomiesonden) werden von den Patienten relativ gut akzeptiert und sind für einige die einzige Möglichkeit, an Gewicht zuzunehmen. Trotz dieser Bemühungen bleiben aber viele der Patienten klein und untergewichtig.

Bei Jugendlichen und Erwachsenen können zusätzlich Probleme mit Leber und Gallenblase auftreten, die weitere Medikamente erforderlich machen. Außerdem besteht ein erhöhtes Risiko, einen Diabetes mellitus (Zuckerkrankheit) zu entwickeln. Deshalb müssen einige täglich Insulin spritzen. Für Patienten mit weit fortgeschrittener Lungenerkrankung besteht seit einigen Jahren die Möglichkeit der Lungentransplantation.


## Wie lebt man mit einer Mukoviszidose?

Dies können die Patienten selbst am besten beantworten. Die Beiträge in diesem Buch geben ein Bild von der Vielfältigkeit und Intensität dieses Lebens, von den Höhen und Tiefen. Die Ausprägung der Symptome kann von Patient zu Patient sehr unterschiedlich sein. Während einige in ihrer körperlichen Leistungsfähigkeit kaum oder wenig beeinträchtigt sind, haben andere schwer mit Atemnot zu kämpfen. Für alle gilt aber, daß die tägliche, zeitaufwendige Therapie mit Inhalationen und Atemgymnastik ein hohes Maß an Disziplin von ihnen und ihren Eltern fordert. Die tägliche Einnahme einer solchen Vielzahl von Medikamenten ist für Laien kaum vorstellbar. Zusätzlich stellt natürlich das Wissen um das Fortschreiten der Erkrankung und einen möglicherweise frühzeitigen Tod eine große Belastung für die ganze Familie dar.

Dr. Doris Staab
Kinderabteilung Heckeshorn, Berlin

# MUKOVISZIDOSE-ALPHABET

**Antibiotika** Medikamente, die das Bakterienwachstum hemmen, können als Saft, Tabletten oder über die Vene verabreicht werden.

**Autogene Drainage** Atemtechnik, die dem Patienten ohne fremde Hilfe die Entfernung des Bronchialschleims ermöglicht.

**Bauchspeicheldrüse** Drüse im Bauchraum, die Verdauungssäfte produziert und in den Darm abgibt. In ihr wird auch Insulin gebildet und ans Blut abgegeben.

**Chromosomen** Träger der genetischen Information in allen Körperzellen. Sie sind jeweils doppelt vorhanden.

**Cystische Fibrose (C.F.)** Andere Bezeichnung für Mukoviszidose.

**Diabetes mellitus** Zuckerkrankheit, die anfangs durch Diät, später häufig durch Insulinspritzen behandelt werden muß.

**Diagnose** Feststellung einer Erkrankung.

**Exokrine Drüsen:** Schleimbildende Drüsen, deren Sekret durch einen Ausführungsgang an die Körperoberfläche oder in die Hohlorgane gelangt.

**Flutter** Atemtherapiegerät.

**Gentherapie** Versuch, durch Einschleusen eines gesunden Gens in die Zelle den vorhandenen Gendefekt auszugleichen. Dies ist im Reagenzglas bereits gelungen, von einer therapeutischen Anwendung am Patienten ist man jedoch noch weit entfernt.

**Inhalation** Über ein elektrisches Inhaliergerät werden verschiedene Medikamente für die Atemwege vernebelt (Schleimlöser, Antibiotika oder atemwegserweiternde Medikamente).

**Infusion** Gabe von flüssigen Medikamenten über die Vene.

**Infusomat** elektrisches Gerät, mit dessen Hilfe die Antibiotika in die Vene gepumpt werden.

**IV-Therapie** Antibiotikatherapie mittels Infusionen über die Vene.

**Leberzirrhose** Endstadium der Leberbeteiligung bei Mukoviszidose. Durch die Veränderung des Lebergewebes kommt es einerseits zu der Bildung von Krampfadern in der Speiseröhre, die zu Blutungen führen können, und andererseits zu einer Beeinträchtigung der Stoffwechselfunktion der Leber.

**Mekoniumileus** Verstopfung des Darms durch das zu zähe Kindspech.

**Mutation** Veränderung im Erbgut.

**Pankreas** Bauchspeicheldrüse.

**Pankreasenzyme** Verdauungssäfte, die aus der Bauchspeicheldrüse in den Darm gelangen. Sie sind für die Fettverdauung unerläßlich und können durch Kapseln, z.B. Kreon oder Panzytrat, ersetzt werden.

**PEG-Sonde** Percutane endoskopische Gastrostomiesonde, eine Magensonde, die durch die Bauchdecke direkt in den Magen oder Zwölffingerdarm eingeführt wird, um nachts die kalorienreiche Zusatzernährung zu ermöglichen.

**Physiotherapie** Krankengymnastik.

**Pseudomonas** Bakterien, die zu einer chronischen Infektion der Lunge führen. Sie müssen durch regelmäßige intravenöse Antibiotikagaben behandelt werden.

**Sauerstoffsonde** Patienten mit fortgeschrittener Lungenerkrankung benötigen zunächst nur über Nacht, später auch ganztags eine zusätzliche Sauerstoffzufuhr über eine Nasensonde. Der Sauerstoff wird entweder durch einen Kompressor aus Raumluft konzentriert oder steht als Flüssigsauerstoff in Tanks zur Verfügung.

**Schweißtest** Bestimmung des Salzgehaltes im Schweiß, um die Diagnose einer Mukoviszidose zu sichern.

**Transplantation** Verpflanzung von Organen eines Verstorbener in den Körper eines unheilbar Kranken. Bei der Mukoviszidose kommt diese Operation sowohl bei fortgeschrittener Lungenerkrankung als auch bei Leberversagen in Frage. Die Wartezeit, bis ein passendes Organ zur Verfügung steht, beträgt meist Monate bis Jahre.

**Trommelschlegelfinger** Auftreibung der Endglieder der Finger und Fußzehen bei chronischer Lungenerkrankung, die immer zusammen mit Uhrglasnägeln auftritt.

**Uhrglasnägel** Wölbung der Finger- und Zehennägel bei chronischen Lungenerkrankungen.

**Zyanose** Blaufärbung von Lippen, Fingern und Zehen bei Sauerstoffmangel.

# Weiterführende Literatur

## Medizinische Ratgeber

Mukoviszidose im Erwachsenenalter, Teil 1: Medizinische Aspekte, Hannover 1991. Herausgegeben vom und zu beziehen über den CF-Selbsthilfe Bundesverband, Mühlenstr. 13, 29393 Groß Oesingen.

Die Mukoviszidose/Cystische Fibrose, Ursachen und Auswirkungen der Mukoviszidose, Die Behandlung mit Medikamenten und Physiotherapie, von PD Dr. med. Bodo Gottschalk und Prof. Dr. med. Peter Wunderlich. Dieses für Laien gut verständliche Buch ist über den Buchhandel erhältlich.

100 Fragen zur Mukoviszidose, Eine Loseblattsammlung. Zu beziehen über: Mukoviszidose Service GmbH, Bendenweg 101, 53121 Bonn.

Cystic Fibrosis – The Facts, von Ann Harris und Maurice Super. Wer die englische Sprache nicht scheut: ausgesprochen lesenswert. Erscheint in Kürze auch in deutscher Sprache.

## Therapeutische Ratgeber

Physiotherapie bei Mukoviszidose, Leitfaden der krankengymnastischen Techniken für Patienten, Eltern, Krankengymnasten und Ärzte. Herausgeber: Arbeitskreis Physiotherapie der DGzBM. Zu beziehen über: Mukoviszidose Service GmbH, Bendenweg 101, 53121 Bonn.

Physiotherapie bei CF: Welche krankengymnastischen Techniken sind zeitgemäß, von Dr. Herrmann Schumacher, in: Muko-Aktuell 2/91. Zu beziehen über: Mukoviszidose Service GmbH, Bendenweg 101, 53121 Bonn.

Grundlagen und Praxis der Ernährungstherapie bei Mukoviszidose, von G. Dockter. Zu beziehen über: Mukoviszidose Service GmbH, Bendenweg 101, 53121 Bonn (6,50 DM).

Vollwertige Ernährung bei Mukoviszidose, über 50 Vollwertgerichte, speziell ausgerichtet auf die gesunde Ernährung Mukoviszidose-Kranker. Zu beziehen über: Mukoviszidose Service GmbH, Bendenweg 101, 53121 Bonn (6,50 DM).

## Mukoviszidose und Familie

Der CF-Patient, Antworten auf ungestellte Fragen, Ratgeber für Ärztinnen und Ärzte, Betroffene und Eltern. Zu beziehen über: Mukoviszidose Service GmbH, Bendenweg 101, 53121 Bonn oder Mukoviszidose e. V., 6,00 DM.

Anna macht mit, ein Bilderbuch für Kinder, von Katrin Arnold und Renate Seelig. Zu beziehen über: Mukoviszidose Service GmbH, Bendenweg 101, 53121 Bonn.

## Familie, Krankheit und Sterben

Den Umständen entsprechend optimistisch, ein Ratgeber für Eltern chronisch kranker Kinder, von Angelika Blume. Rowohlt Verlag, Hamburg 1987 (leider nicht mehr über den Buchhandel zu beziehen).

Nur ein Hauch von Leben, Eltern berichten vom Tod ihrer Babys und der Zeit ihrer Trauer, von Gootfried Lutz und Barbara Künzer-Riebel, Fischer, Frankfurt/Main 1991.

Behinderte Kinder – Behinderte Mütter. In diesem Buch wird die Situation der Mütter von geistigbehinderten Kindern beschrieben, es ist jedoch genauso lesenswert für Mütter, die chronisch kranke Kinder haben. Fischer, Frankfurt/Main 1990.

Wenn Kinder trauern, von Tobias Brocher, rororo, Hamburg 1985.

Kinder sprechen vom Tod, von Ginette Raimbault. Der Kinderpsychiater hat viele Gespräche mit Kindern über ihre Ängste und Vorstellungen vom Tod aufgezeichnet. Suhrkamp, Frankfurt/Main 1980.

Gesundheit und Krankheit aus der Sicht von Kindern, von Arnold Lohaus. Dieses wissenschaftliche Buch hilft zu verstehen, welche Vorstellungen Kinder von Gesundheit und Krankheit haben. Verlag für Psychologie – Dr. C. J. Hogrefe, Göttingen.

Wenn Mütter trauern, Erinnerungen an das verlorene Kind, von Ursula Goldmann-Posch, Kindler Verlag, München 1988.

Kinder und Tod, von Elisabeth Kübler-Ross. Dieses Buch vermittelt die vielfältigen Erfahrungen, die Elisabeth Kübler-Ross mit sterbenden Kindern gemacht hat. Kreuz-Verlag, Zürich 1984.

Die unsichtbaren Freunde, von Elisabeth Kübler-Ross. Ein Versuch, Kindern Sterben, Tod und das Danach zu erklären. Oesch Verlag, Zürich 1985.

Familientherapie in den Ferien, von Wanschura/Katschnig. Ein Versuch der Hilfe für Familien in einer schwierigen Lebenslage. Klett-Cotta, Stuttgart 1986.

Wie ist das, wenn man tot ist?, von Marguerita Rudolph. Mit Kindern über das Sterben reden. Ravensburger Buchverlag, Ravensburg 1979.

Tränen im Regenbogen, Phantastisches und Wirkliches – aufgeschrieben von Mädchen und Jungen der Kinderklinik Tübingen. Lesenswert für die ganze Familie. Attempto Verlag, Tübingen 1989.

## Faltblätter

Sexualität, Freundschaft, Partnerschaft bei Jugendlichen und Erwachsenen mit CF (1,00 DM Rückporto). Selbsthilfegruppe Erwachsene mit CF, Thomas Malenke, Marktstr. 54, 26382 Wilhelmshaven.

„Ich möchte nur, daß etwas von mir bleibt…" (1,00 DM Rückporto). Selbsthilfegruppe Erwachsene mit CF, Rhenusallee 25, 53227 Bonn.

# Inhalt

Sarah Zöller

Maria Welke

Inka Rasch

Christoph Petersen

Mike Surmac

Kristin Capelle und Katharina Mrosek

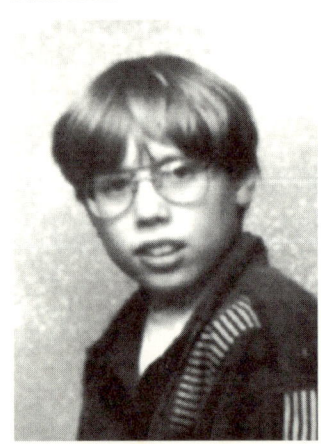

Benjamin Herting

Jörg Wyrwa

Nicole Jurgasch

Kerstin Drews

*Autorinnen und Autoren*

Christian Sievers

Susanne Petersen

Stephan Kruip